《悟《さと》り人《びと》》に近づくための心の処方箋《しょほうせん》——①

「カルマ解消法」

重川風天・しげかわふうてん

『カルマ解消法』――目次

◆第1章◆
「人生の岐路《きろ》、ある覚者との出会い」――9

◆第2章◆
「人は常に想念を放射して暮らしている」――39

◆第3章◆
「神様って何だろう、本当にいるの?」――71

◆第4章◆

「実は、この世は錯覚だらけだった」――――109

◆第5章◆
「カルマはなぜ生まれてくるのか？」――――133
――まず人を許し、自分を許すことから始めよう――

◆第6章◆
「あなたもまわりも全部神さま」――――179
――意識が変われば、運命も自由自在になる――

◆第7章◆
「誰にでも出来るカルマ解消法」――――201
――地位も名誉もお金もいりません――

【まえがき】

みなさん、こんにちは。重川風天と申します。

新潟の田舎育ちです。26歳で脱サラして、一人社長でスタートしました。運がよく、あれよ、あれよで、社員200名、売上30億円位の会社になってしまいました。

あまり努力した思いもないのに、運がよいと勝手に育つのだなあ…と云う感じでした。


25年前、覚者・知花敏彦先生に出会い、人間とは何か、人間を創り出しているメカニズム、生命とは何か、生命存在の目的とメカニズム、神とは、仏とは何かを、真理とは何か、物理とは何かを、講話を通して知ることができました。

【まえがき】

初めの頃は、目から涙とウロコの落ちる毎日でした。人間の最終目的は、悟りであることもしっかり理解できました。自分自身がその気になれば、1円のお金も使うことなく、宗教などに入ることもなく、誰でもが「悟り人《さとびと》」になれるようにできていることも分かりました。

知花先生が講話の中でよく話すのです。

〈みなさんは、きれいな女性と結婚するために生まれてきたのですか。それとも、お金を儲けて金持ちになるためですか。おいしいものをいっぱい食べるためですか。〉

そして、いつも私の方を見ながら、

〈会社を大きくするためですか。…そうではないでしょう。自分の本質を知り、今生、悟るために生まれてきたのでしょう。よく考えてみてください。〉

ある日、私は決心しました。

私は今生、悟るために生まれてきたのだ。そうだ、そうだ、よし、俺は生まれ変わるぞ！

会社を辞め、お世話になっていた友人、知人、恩人、お付き合いのあった全ての人の名前、住所、電話番号を捨てて、携帯電話の番号も変えて、住んでいた家を売り払い、誰にも言わずに家族みんなで、当時、知花先生の住んでいた山梨県の清里へ引っ越しました。

そして毎日、知花先生の講話が聴ける生活に入りました。そのときから、生まれ変わったつもりで、重川風天という名前になりました。

映画『男はつらいよ』のフーテンの寅さんにあこがれていました。自分の心に素直に生きる。今を真剣に生きる。寅さんは、日本人なら誰でもが好きになる。そんな風天になりたかったのです。

【まえがき】

宇宙のメカニズム、システムの中では、本人が素直になれば悟れるようにできています。

そのことを、釈迦やイエスが説いてくれたのですが、肉眼では見えないエネルギーの世界ですから、たとえ話でしか説明できないのです。釈迦やイエスの話もシンプルな内容なのですが、たとえ話を伝える人が次から次へと複雑に、ややこしくしたのだと思います。

知花先生は同じ内容の話を、いとも簡単に、科学用語を用いながらシンプルに説いてくれるので、とても分かりやすいのです。

そして、今の文明から大きなプレゼントがありました。それはCDやDVDという、生の話をそのまま、生のように見聞きすることができる装置です。世界中の人が今いる場所で、釈迦やイエスの話と同じ、知花先生の教えを見聞きすることができるのです。

更に、物質文明が崩壊しないで水がめ座の統合のエネルギーの世界に入ったことは、どんな人でもその気になれば必然的に、「悟《さと》り人《びと》」の方向へ進んでいると言っても良いでしょう。

「悟り」とは、シンプル・単純なエネルギーです。素直さが一番大きな力です。この本は、頭をつかって分析したりしないで、シンプルに感じていただければうれしく思います。

重川　風天

◆第1章◆

「人生の岐路《きろ》、ある覚者との出会い」

名医とヤブ医者は、同じ人だった!?

そうかぁ〜、そうだったのか〜！

昔から地元に密着しているお医者さん、つまり町医者のことです。長年、地元の人がこの先生に診てもらっています。

いつしか、「この先生は本当に良い医者だ」、「うちの家族はこの先生にかかると、みんな直ぐに治ってしまう」、「名医とは、この先生のことを言うのだ」。

その一方で、「この先生は、本当にヤブ医者だ」、「注射をして欲しかったのに、注射をしてくれない」、「うちの家族は、この先生に診てもらって、誰も治ったことがない」、「お金ばかり取って、本当にヤブ医者だ」と。

…名医とヤブ医者に分かれています。同じ先生なのに、なぜこれほど評価が分かれてしまうのでしょうか?

その「分かれる力」が、プラシーボ効果と呼ばれているものです。

「この先生に診てもらったら、直ぐに治る」と思った人は、直ぐに治ります。

「このヤブ医者に診てもらったら、まず治らない」と思っている人は、治らないのです。

「この薬を飲むと良くなる」と思って、薬を飲んだ人は、誰でも良くなるので、みんな同じ効果が出るようです。

「ヤブ医者の処方した薬など、効くわけがない」と思った人は、全員、効果がないのです。これがプラシーボ効果です。

しかし今の科学から見ると、「そんな思い」で効果が出たりするのは、非科学的で「話にならない」と言われます。

科学とは、誰でも同じ条件でやったら、同じ結果が出る、つまり「再現性」があることと定義されています。

先ほどのプラシーボ効果の2つの例は、誰がやっても再現性のあることでしょうか、ないことでしょうか？

「今度来た、あの内科の若いハンサムな先生は、東大医学部を卒業した秀才のすごい先生らしい」…そんなウワサを知っていて診察を受けた人は、どんどん治って行くのです。

ウワサがウワサを呼び、みんなで「すごい先生」、「すごい先生」と評判になり、行列が出来て、しかも、みんな治ってしまうのでした。

ところが、そんなある日、「実は、あのハンサムな先生は、東大医学部なんかじゃなく、三流大学の医学部を、やっとの思いで卒業したらしい」ことが知れ渡りました。とたんに、効果がなくなり、行列もなくなり、評価も下がり続け、「ヤブ医者」に変わって行ったのです。これは、Wプラシーボ効果と名付けていいでしょう。

このプラシーボとは、想念であり、波動であり、そしてエネルギーでもあるのです。

一瞬で「心と体が軽くなった」想念の効果

私が主宰する勉強会の風天教室では、「真理の話」や「物理の話」などを、みなさんに聞いて頂いています。プラシーボの話も何回かありました。

自由業や自営業、中小企業の経営者は、私を含め、常に「資金繰り」というエネルギーにいじめられています。今月の支払いが終わったら、すぐに翌月の支払いが浮かんできます。

頭の休まる、気持ちの休まる暇がありません。それを称して「自転車操業」というのです。当社も、ず〜っと、ロードレースのように、自転車をこぎ続けていなければならない、足を止めると、ひっくり返ってしまうのです。

ある時、「そうだよ、足を止めなければいいのだ。ゆっくりでいいのだ！ゆっくりで、ゆっくりで…」、「そうだ、サイクリングだ！ 首にマフラーをなびかせながら、そよ風が吹いて、足も軽やか、つい鼻歌も出ちゃう♪ そうだ、青い山脈だ…」。


この話をしたら、多くの方から、「心が軽くなった」、「足も軽くなった」、「これからは気持ちよく仕事が出来る」との感想がたくさん寄せられました。

これがプラシーボ効果です。

◆

想念について、覚者・知花敏彦先生が語ってくれています。その一部分を以下に、ご紹介したいと思います。きっと目からウロコが落ちるかもしれませんよ。そして、人生と運命が今から変わる瞬間になるかも…。

◆

知花先生は、沖縄・清里・東京などで30年間、毎朝、毎晩、何万回も真理の話しをして下さいました。

１９４１年、旧満州に生まれ、終戦後沖縄へ。幼少から霊能力に優れ、中学を卒業後、南米・ボリビアに移住。約30年間、農耕生活をしながら自己探求を続けました。

帰国後ヒマラヤ、エジプトで修業し、宇宙意識に到達。宇宙の法則やフリーエネルギーなどに精通し、あらゆる分野での指導を行う。おもな著書に「宇宙法則の八正道」「知花敏彦講話シリーズ 愛・神・霊」「日出づる国幸い近し」「愛は天と地の掛け橋」「心を育てる瞑想」「神我顕現への道」などがある。

2009年、この世の全ての役目が終り、天に帰られました。

《想念波動《そうねんはどう》とは・・・そのはたらきと仕組み》

――知花敏彦――


みなさん今日は、想念、即ち波動について話してみたいと思います。

みなさん一人一人は、皆、想念というのを持っていますが、我々の想念というものが、どのように、我々に良い影響を及ぼすかということを理解している人は、非常に少ないのです。

我々の日常生活は、自分の想念の雛型《ひながた》であり、思っている通りのもので、それ以上のものでも、以下のものでもありません。あなたの想念が、あなたに跳ね返って来ないものは一つもないのです。

想念は波動ですから、みなさんから発せられたものは、必ず発した人に跳ね返ってくることを理解すべきです。丁度、池の水の中に石を投げると、その石の投げた中心から輪が広がります。波動が広がってきます。その波動は、岸辺まで行き、ぶつかって、パッとその投げた中心に跳ね返ってくるようなものなのです。

我々から発せられた想念は、宇宙に送信し、宇宙の拡がりとなって、その人に必ず跳ね返ってくるのです。悪想念を発すると、悪の結果を摘みとらねばなりません。これが種まきです。悪い種を撒けば、必ず悪い収穫物を得なくてはならないのです。

想念のコントロールというものは、できませんので、私たちは良い種も撒くけども、悪い種も撒く。これを未だかつて人類は、善悪の木の実を食べているのだ、その影響を受けているのだ、ということが言われるわけです。

神はなぜ完全かといいますと、神には悪想念というものが無いのです。常に完全なる想念を持っていますと、完全なものが跳ね返ってくるわけです。

皆さん方の想念が完全想念になりますと、あなたの日常生活に跳ね返って来るものは、みんな完全なものだけ跳ね返って来るのです。その影響が、我々の日常の生活に現れているということを知らないで、平気で悪想念を持つ人がいるのです。

だから、あなた方一人一人は、あなたの想念の雛型《ひながた》であり、それ以上のものでも、以下のものでもないということが言えるわけです。

あなたから出たもので、あなたに跳ね返ってこないものは、一つもない。言葉しかり、その通りです。言葉も波動ですから。我々の行為も波動なのです。

だから、「心《しん》・口《くう》・為《い》」と言いまして、思い、言葉、行いが、我々の日常生活を決めているのです。だから、思いを慎み、言葉を慎み、行いを慎まねばならないのです。これが、「心・口・為」三業《さんごう》といい、人間は3つの罪を犯しているのです。思いの罪を犯す人、言葉の罪を犯す人、行いの罪を犯す人。

誰が、それを刈り取るか、あなたが撒いた種は、必ずあなたが刈り取るのです。

これを、「審判の日」というのです。「刈り取りの日」というのです。毎日の日常生活は、毎日が審判の日なのです。

あなたが撒いた種を、必ず刈り取っていかなければなりません。あなたから発した想念、発した言葉、これはみんな、あなたの日常生活に、良いにつけ、悪いにつけ、跳ね返ってきています。

想念そのものは、本来は「祈り」なのです。あなたが望んだわけですから。

あなたの望まないものは、現れないのです。注文したのです。悪いものを注文すれば、悪いものが送られてきます。非常にやっかいなものです。跳ね返りは4乗といいまして、報いは3倍という言葉がありますが、4倍なのですね。

例えを申しますと、小さな輪から広がるには時間がかかるのです。しかし、大きな輪からしますと、縮まって来ますので、スピードが速いのです。石を投げますと、輪が広がって行きますので、ゆっくり広がって行きますけれども、縮まって来る時は、スピードは速いのです。スピード加速というものが、4倍速いものですから、4乗と言っていますね。

1という悪を発しますと、4という悪を刈り取らねばならないのです。あなた方は完全であるためには、完全想念を持っていなければならないのです。皆さんの日常生活の運命は、あなたの想念と言葉で決まっているのです。

全部その通り、あなたに影響を及ぼしているのです。だから、あなたの思っている通りのものであって、それ以上のものでも以下のものでもないのです。完全なものだけを刈り取りたいなら、受けたいならば、完全な想念を発せねばなりません。

私は病気になりはしないかという、病気の種《たね》を撒《ま》く人、死にはしないかという種を撒く人、或いは歳をとりはしないかという種を撒く人、企業が倒産するかも知れないという想念を持つ人、あなたから発したものは、何らかの影響を必ず及ぼしているのです。だから、自分の敵は自分に在るということが言えるのです。

あなた方と神との違いは、神は完全想念しかありませんので、為《な》すもの、やること、言うこと、全て、完全なものが現れるのです。

だから、あなた方のマイナス思考、マイナス想念、心配、病気になりはしないか、熱を出しはしないか、死にはしないかというものは、誰から出たのですか？　あなたから出たなら、全部、自分に帰ってきます。それが想念波動です。

あなた方は決して、マイナス思考を持ってはならないのです。

憎しみという思いが起こった時、あなたが誰かを憎んだ時、その憎しみは誰に跳ね返って来ると思いますか？　全部自分に４倍になって、跳ね返って来るのです。

人を憎むことは、己を憎むことであり、人の悪口を言うと、誰に跳ね返って来ますか？　全部自分に跳ね返って来ます。それは、否応なしに、刈り取らねばならないのです。

あなた方の日常生活は毎日、種まきをしているのです。いい種を撒けば、いい収穫物を得ます。

憎しみと、怒り、誹り、嫉妬、不安、恐怖、或いは、歳を取りはしないか、病気になりはしないか、死にはしないか、こういう悪いものを、どんどん撒けば撒くほど、あなたの日常生活で、これを刈り取りせねばなりません。

あなた方の種まきが下手なのです。いい思いをしたいならば、いい種を撒けばいいのです。これを正想念と言いまして、正想念のみに皆さんが生きていると、みんな正しいものしか刈り取らないのです。

日常生活に現れてくるものは、みんな善なのです。正しいものしか寄ってこないです。

これが、「類は類を呼ぶ」の法則でもあり、「作用と反作用の法則」なのです。悪の種を撒けば、悪が襲ってきます。あなたが、1という悪を撒けば、4という悪を刈り取らねばなりません。

皆さんは、悪いことが起こった時、連続的に悪いことが起こってくる。良いことが起こり始めたら、連続的に良いことが起こってくる。これは日常生活で、みなさん体験していると思いますよ。悪いことが起きると、悪いことがどんどん襲ってくることがあるでしょう?

あなた方の想念というのは、ただあるだけではないのです。どんな小さなことでも刈り取らねばなりません。どんな小石を投げても、砂1粒投げても、その水の中に投げますと輪が出来ます。大きいものを投げますと、大きな輪が出来ます。

だからあなた方の、どんなに小さな思いも刈り取らねばなりません。憎しみが深ければ深い程、大きな石を、その水の中に投げたようなものなのです。それを、この刈り取りそのものを、運命と言っているのです。

悪運だとか善運だとか言っていますけれども、運命は誰が築いているのでしょうか。あなたの運命…あなた以外にはつくれないのです。

運命は変えられないと皆さん言いますけれども、あなたが運命の作り主ですから、いくらでも変えられるというのです。

皆さん方は、苦しむように生まれているのでしょうか？　この苦しみや悩みというものは、誰がつくり出しているのでしょうか？　それは、あなた自身なのです。みなさんの悩みや、苦しみは、全部、自分の想念が作り出しているのです。

これを想念形態と言いまして、我々は想念の雛型《ひながた》を、この世に見なくちゃならない、結果として刈り取らねばならないのです。だから、あなた方の毎日の日常生活、1分1秒間は、種まきをしているのです。

例えを申し上げますと、またこのような三次元的なものだけじゃなくて、あなたの意識が、想念が、「我《われ》神なり」、「私は神である」と云う想念を発してみて下さい。何が跳ね返って来ますか？

あなたが「我神なり」という意味を分かっていなかったとしても、その影響を誰が受けます？「我神なり」という思いを起こした時、誰が受け取ります？

あなたから発せられたもの、言葉でもいいし、思いでもいいし、「我神なり」という思いを起こした時、どんな小さなことでも跳ね返ってくるならば、あなたが「我神なり」という思いを起こしている時に、あなたは神というものを望んだわけです。それが、神があなたに跳ね返ってくるのです。

「我、完全なり」とあなたが言ったが故に、その完全という言葉を発し、或いは完全という思いを起こしたが故に、その完全という思い、完全という言葉の力は、あなたに影響を及ぼします。これは、悪い影響でしょうか。良い影響でしょうか?

「四六時中、神を思いなさい」ということは、あなた方が、四六時中、「我神なり」という思いを起こしますと、四六時中、あなたに、神の智恵と力と光が跳ね返ってくるという意味です。

最終的には、無意識のうちにも、「我神なり」と、「我は力なり」という想念を起こしますと、神の力が返って来ます。

あなたが「私は無力であります」という想念を起こした時、無力が跳ね返って来るのです。

あなた方は、思いのままであって、あなたの思いの通らないものは、ありません。思うままなのです。良いに付け、悪いに付けです。思うがまま、生きています。

想念は実現の母ですから、必ずその通りのものを、刈り取りをさせられているのです。人の悪口を言えば、悪い波動ですから、必ずあなたは、その悪口を言われる立場に置かれるだろうということなのです。憎しみを持てば、憎まれる立場になるのです。

私はこれだけしか憎まなかったのに、あいつは、私を4倍憎んでいるということになります。だから、滅ぼそうとする者は、滅ぼされる。これが、喧嘩両成敗と言うことになります。

発した分だけじゃなくて、4倍、ですから、その1×4ですから、4倍跳ね返って来ます。それが、苦しみの増幅となってかえってきている。これが波動の世界です。

神様は、そのような苦しい人生を、お作りになっていないのです。苦しみというのは、あなたが望んで作ったものなのです。本来持っているその想念は、ものを具現する力ですから、その力を誤って使ったのです。

皆さん方は、日常生活で、毎日いい種を撒いているのか、悪い種を撒いているのか、これは一番誰が良くわかります?

あなたが1ヶ月、常に善意で、正想念のみで生きてみて下さい。あなたの周囲が、もうこんなに変わるものかと言うくらい、変わって来ると思います。あなたの日常生活に起こって来る状態が、本当に、ビックリするような変わり方をします。我々は、常に完全意識、完全な想念を持つべきと思います。

神になるためには、我人間なりという想念を捨てて、我神なりという想念に変えねばならないのです。我神なりという想念です。神の他には人間は存在していないのに、あなた方は、人間が存在していると錯覚を起こしているだけなのです。

神は宇宙に遍満《へんまん》するエネルギーであり、質料ですから。(物理では質量ですが、本書では、質料としました。) 無限大のエネルギーと、無限大の質料しか存在してないのです。その無限大のエネルギーと、無限大の質料で、さまざまな形ができているわけです。形があるのではないのです。無限大のエネルギーと質料が無かったら、形というものは存在しないわけです。

あなたは人間でしょうか? エネルギーであり質料でしょうか?

エネルギーと質料は実在ですが、人間は実在していません。あなた方は、無いものを在るという錯覚を起こしているだけなのです。だからメクラというのです。無知というのです。

何あるが故にあなたが居るのですか？　エネルギーと質料が無かったら、あなたは居りますか？

だから、あなた方の見ているのは、ただの人間である。あなた方、人間という形に目が眩んでしまって、人間の本源、本質がエネルギーであり、質料であるということを見てないのです。

だから釈迦は、外を見るな、形を見るな。イエスキリストは、我は、姿、形に属する者に非ず、我は神なり、我は霊なり、生命なりと言ったのです。自分が神であるという想念を持つべきです。実在しているのは、神の想念しかないのです。神の想念はあなたの想念なのです。

人間は仮相です。実相は、神です。実相は、エネルギーであり質料です。物質というものは、エネルギー×質料の２乗と言っています。アインシュタインは、そう言っています。この世の中に、形が存在しているのではなく、エネルギーと質料が存在しているのです。神は、宇宙に遍満するエネルギーであり、宇宙に遍満する質料です。神一元なのです。神のみが、実在しているのです。


正想念とは、神の想念です。想念と意識は同じものです。

神意識と、神の想念は同じものです。あなたが「我神なり」と言うのは、神意識じゃありませんか？

この想念は、ものを製造させる力です。具現する力です。我神なりと言い、思った方がいいの？　我人間なりと思った方がいいのですか？

想念は心であるわけですから、この世は、心の影であると、想念の影であると言われています。

あなた方の想念の結果として、この世に映し出して見ているのではないですか。あなたの想念が日常生活に映し出されるのですから、それを見ているのですから、あなたの心の状態を、見ていますね。

鉱物も植物も動物も人間も、みんなエネルギーであり質料です。このエネルギーと質料が、さまざまな形を反映し、投写、映し出しているだけなのです。見える世界は、実在するのですか？　非実在の世界ですよ。だから、この世は影であり、まぼろしです。見えるものを追いまくるってことは、影、まぼろしを追いまくっているということです。

神こそ絶対実在、神一元、全てエネルギーであり、全て質料です。エネルギーと質料がなければ、鉱物も植物も動物も人間も、存在しないのです。エネルギーと質料は、万物の親、万物の創り主です。このエネルギーと質料が、万象万物を創って、エネルギーと質料が、万象万物に宿っています。

神は神棚におるのですか？　皆さんの中におるのですか？　人と神とは一

体です。人は神なり、神は人なり。人間の形をとった神にしかならない。人間の形をとったエネルギーであり、質料です。

神は神棚におるのですか？　皆さんの中におるのですか？

「天の彼方に神がおります」、「神棚に神がおります」というのは、ウソです。神の国は汝の内に在り。御仏の国は汝の内に在り。神性、仏性、汝の内に在り。

宗教家の言う、この拝み屋信者、ご利益があるとか、何があるとか言う、あのママゴト遊びの神は存在していません。

宗教家の言う神は、どこを探しても存在していません。神は法則そのもの、絶対実在そのものなのです。神というのは何かというと、実在のことをいうのです。実際に在るものを、「神理」というのです。

我は神理なり。我は実在なり。今、即実在。今、即神理、です。

神理を学ぶということは、自分を学ぶということです。神理を知らない人間に、自分を知った人間は、いないのです。自分が何であるか知らぬことを、迷いというのです。自分が何であるかを知ることを、悟りというのです。

今なら、我は神理なりと。神理はインドやエジプトや、どこかに存在しているのですか？　インドに行ったり、ヒマラヤに行ったり、エジプトに行ったりして神を探せるものですか？　非神理の世界から、神理を探すことは出来ないのです。

神棚に、金粉で塗った全ピカの仏像を作って、そこに神がおりますと言う指導者、あれ、目の見える人？　見えない人？

「メクラの指導者」だということです。だから宗教は、アヘンよりも恐ろしい。

なぜかというと、あなた方を盲信、狂信に導くからです。これを、メクラの指導者というのです。偽りの指導者だというのです。

人間の形を観て、人間が何であるかを観てなかったら、人間を観ていることにはならないのです。自分が何であるか分からない人間に、悟った人間は、いないのですよ。自分が、人間が、何であるかを悟った人のことを、悟りというのです。

神を知る前に己を知りなさい。己を知ったら、神を知ることになります。今の牧師や坊主や、宗教の指導者たちは、自分が何であるか分かっていないのです。

これを、メクラの指導者、偽りの指導者と言うのです。盲信的、狂信的、だから、ドグマ宗教、観念宗教、としか言わないのです。神理ではないのです。色々の書物を読み漁《あさ》って、オウム返しに伝えているだけなのです。これ、誰でも出来ます。本読んで学んで来ればいいのですから、そうすると、あたかも悟っているような錯覚をおこしているだけなのです。

意味は分からない。自分が何であるかも分からない。神が何であるかも分からない。神が何処に存在しているかも分からない。これをメクラの指導者と言うのです。

今なら、全ては神と言えませんか？　どんな形をとっておろうが、形が違おうが、大きかろうが、小さかろうが、エネルギーであり、質料である、無限大のエネルギーであり、無限大の質料なのです。

神に小さい大きいがあるのでしょうか？　唯一不二の無差別の神です。無差別平等です。あなたの中に宿っている神と、知花の中に宿っている神とは違う神ですか？　同じですね。

我々の宗教の神が、力が強いよとか、あそこの宗教の神は力ないよ、とか言う人がおりますけれども、本当でしょうか？

神は宇宙に一《ひと》さまです。唯一神しかないのです。この唯一の神が、唯一の真理なのです。全ては、鉱物も植物も動物も人間も、みんなエネルギーであり質料で、「全き神」です。

我人間なりという想念がある限り、あなた方、人間で終わってしまいます。

神には全くなれないのです。

あなた方は自分が神に到達するまでは、何回も人間として生まれ変わらねばなりません。輪廻《りんね》を繰り返さねばなりません。我神なりという意識をおこすまでは、自分が神であるという想念になるまでは、輪廻は免れないのです。

あなたは神に到達して初めて輪廻の克服であって、人間意識のまま生涯を終わった者に、生まれ変わらない人間というのはおりません。覚者というのは、自分の本源本質に目覚めた者を目覚めた魂、人間だと思っているものを、眠れる魂と言うのです。

眠った魂は自分のことを人間と思っています。人間と見ます。目覚めた魂は、自分を神と観《み》ます。自分を無限だと観ます。

あなたが無限、自分が無限になって初めて、無限の智慧と力とを得るのです。個人だと思っているなら個人的智慧、個人的力しか出てこないのです。

汝は観るもの受け継がん。神を観れば神を受け継ぎ、人間を見れば人間しか受け継がないのです。

あなたは、未だかつて人間だと思っているのです。人間は、神の仮の姿に過ぎないのです。人間とはその人間の形をとった神である、という事を言えばいいのです。

造られたものの中には、必ず造り主である神がおります。造られた人間は、造り主から離れて存在できないのです。


（知花敏彦先生の講和シリーズＤＶＤ『想念波動』より抜粋）

◆第2章◆

「人は常に想念を放射して暮らしている」

「心《しん》・口《くう》・為《い》」の波動放射で運命が変わった！

「経済だ、ビジネスだ――」という名のもとで、また、「法律の範囲内だ――」ということで、色々な経済活動を行っています。

農家の方が、多くの作物を収穫するために、化学肥料や農薬を使用しています。

その農薬が、野菜や果物などと一緒に、人間の体の中へ入って行くことを知っています。その農薬が、人間の体を悪くすることも知っています。その証拠として、自分とこの家族で食べる野菜や果物は、無農薬で別に栽培しているのです。

ある食品工場の社員は、自社の工場で生産された「食品」は、絶対に食べない。なぜなら、その製品の中に色々な化学薬品が、入っていることを知っているからです。

お医者さんが、自分と自分の家族がガンになっても、「抗がん剤」は決して使用しません。手術もしません。なぜなら、その後の結果を知っているからです。

これらの行為は、日本の憲法にも、法律にも触れることなく、むしろ護られているのです。

大阪へ行くと、よく目に留まる大きな看板があります。「おいしい天ぷら油　サラダ油は理研」と書いてあります。

サラダ油は、大豆やゴマからとる農業生産物のはずなのに、理研（理化学を研究開発している会社のようです）となぜあるのだろう？　サラダ油は、農産物なのになぁ〜と、不思議に思いました。

みんなの知らない、「ナゾナゾ」があるようです。

15年ほど前に、こんなことがありました。私が、東京港区の友達の家に遊びに行きました。その頃、高校生だった娘さんが、アルバイトで、「揚げ物屋さん」で働いていました。

その娘さんが、バイトから帰って来るなり、

「ママ、ママ、バイト先の揚げ物は、何種類もの薬の液に浸けてから揚げるのよ。どこでも同じだと思うから、○○○○のような揚げ物は、絶対に食べたらダメよ！　そこで働いている人は、誰も食べないんだから、ママ、分かった?!」

私も、かつて、揚げ物用の油の酸化を遅らせる、微量放射性物質のセラミックを、販売していたことがあったので、その辺のことは詳しかったので、その話に参加して、「揚げ物毒性会議」を何回かやったことがありました。

日本でベストセラーになった、「買ってはいけない」船瀬俊介さん（共著・「週刊金曜日」刊）の本が、今から12年前でした。

その本に紹介された商品は、テレビＣＭ，新聞広告、有名雑誌等で大宣伝され、全国民が喜んで買っているものばかりでした。「良い悪い」ではなく、本に紹介された内容は、ほぼ事実だったと思います。

全て、国内では、法律や条例に触れることのないものばかりです。

では、どの部分を「買ってはいけない」と言うのか？　それは、99パーセントが、その中に入っている「化学物質」が原因でした。

全ての化学物質からは、「毒性」が出ていると言っても、過言ではないと思います。大手の会社では、東京大学や京都大学をはじめ、国内屈指のハイレベルな教育を受けた人たちが社員として、ハイレベルな研究開発をしているのに、「なぜ毒性のない化学薬品を作らないのだろう?」と、よく思ったものです。

そんなことから、私なりに、「毒性って何なのだろう?」、「なぜ、分子構造のミクロな化学反応をさせるところに、毒性が出るのだろう」と、真剣に思ったものでした。

風大和研究所で、水の研究、エネルギーの研究をしながら、「毒性の正体」を知り、毒性を中和させ、無害に近いものにする方法を見つけました。原因が分かったら、中和法は簡単に分かりました。

本当は調和の微振動が、毒性を中和する事実を知り、その後で、毒性の正体が分かったのです。この件については、今回の本の主旨と違いますので、詳しくはふれないで、次回に紹介したいと思います。

このことが分かったら、化学物質を使っている全ての商品に、99パーセント、大なり小なり、毒性のあることは、間違いないと思います。

まだ私が真理を知らない時の、私の心の内を覗いてみました。私が農業を営んでいる立場で、自分の姿を想像してみました。

農家としての規模は、大きくもなく、小さくもなく、中くらいとして、家族が5～6人、化学肥料や農薬は、他の農家と同じように使っています。

自分の家族で食べる分は、別に無農薬でつくるかどうかは分からないが、無農薬でないとしても、なるべく、農薬の少ないものを選んで食べると思います。

何かの時に、「俺も、体に良くない農薬を使った野菜を出荷しているなぁ」。声には出さないが、小さな声で、「うちの野菜を買って食べている人、ゴメンナサイ…」と。

「農水省で、農協で、農業大学の教授が、ＯＫと言っているから仕方ないのだ」と、「ゴメンナサイ」との狭間で少し苦しんだりしますが、それでも農薬を使うのは、「みんなが使うから正当なのだ」と強気になったり、「でもやっぱりゴメンナサイ」と弱気になったりしているのでしょう。

そして、「早く、毒性の無い農薬が出来ればいいなぁ〜」。

農薬製造会社で働くみなさん、農薬販売会社、流通会社、スーパー、みんな同じような、何かスッキリしない気持ちで働いていないのかなぁ。でも、そのことを、マヒして、忘れていることで、「元気で働くこと」が出来るのかなぁ〜？

お医者さんも、薬屋さんも、油屋さんも、パン屋さんも、ほとんどの業種の方が、私と同じような思いで、生きているのかなぁ〜？

「私のせいではない、世の中のせいだ」と思うことで、毎日、働けるのだとも思っています。もしそうだったら、それは「ギリギリの生き方」だなぁ

〜！　苦しいなぁ〜。

政治家は政治家で苦しみ、官僚は官僚で苦しみ、製造会社は製造会社として苦しみ、スーパーはスーパーとして苦しみ、消費者は消費者で苦しんでいる。苦しんでいない人が、誰一人としていない！　変な世の中…だなぁ〜。

作用・反作用の法則を使って幸運を呼び込む

先ほど紹介した知花先生の「想念波動」の講演の中で、分かりやすく説明していますが、想念とは、エネルギーのことです。波動も、エネルギーのことです。

そして意識も、想念も、波動も、エネルギーも、全く同じ働きということです。

見える「色《しき》」の世界、「物質」の世界も、見えない「空《くう》、エネルギー」の世界も、全て、究極の宇宙エネルギーが、色々な働きをしているのです。それは、「宇宙は全知全能のエネルギーです。エネルギーは宇宙だ」と言ってもいいと思います。

この「宇宙」とは、現れた、銀河系の星座や星や、太陽とか、惑星のことではなく、全てのものをつくり出して、今の今、それを生かし続けているエネルギーのことで、宇宙力のことです。別名、天の父キリストとか、宇宙生命とも言っています。

幸運を呼び込む簡単な方法

この世の全ての始まりは、「思うこと」、「想念」からです。

次に、言葉で現わし、行為で現わす。「心、口、為」と言って、「思う、言葉、行為」で現わします。

だから、日常生活は「想念の雛型《ひながた》」で、「心の写し鏡」だと言っているのです。

我々は、想念を発しますと、宇宙に送信され、宇宙の拡がりとなり、そして跳ね返って、戻って来るのです。「思う」、「口走る」、「行為」の波動（エネルギー）を放射すると、必ず、放射元へ戻って来るのです。

山に向かって、「ヤッホー」と言えば、「ヤッホー」として、「アッホー」と言えば、「アッホー」として、返ってきます。

カミナリは、ピカッと光って地上へ着くと、瞬時に、発射元の雲の位置に、地上へ降りてきたスピードよりも速く、力強く、戻って行くのです。その様子を、リアルに、誰が見ても分かるビデオとして、石川県の小松空港の上空で撮影されたものを、テレビで見たことがあります。

台風などの「大風」は、吹いてくる風よりも、返し風の方が大きく、被害が大きいと言われています。

テレビ電波も、放射され、受信されると、すぐにテレビ局へ戻るのです。そのため、テレビ局では、今どこの家庭で受信して見ているか、視聴率が、すぐ分かるのです。地上デジタル波になる前は、アナログ電波の時は、その戻ったアナログ波をうまくキャッチできなかったので、そのため、例えば、NHKの視聴率をしらべるのに、モニターを何千人か頼んでおいて、今、NHKを見ているかどうかを、電話で一斉にコールしてもらい、集計していたのです。

警察無線もデジタルですから、受信されたら、今どこで受信されたかが、すぐ分かるのです。

直径10メートルの池があったとします。その真ん中に石をポチャンと投げ入れると、そこから波の輪が広がり、岸辺にぶつかって直ぐに、元の真ん中へ戻って来ます。それを見ていると分かりますが、発信された時よりも、力強く、速いスピードで戻って来るのが分かります。それは、3倍か4倍のスピードで戻って来るのです。

この一連のエネルギーの動きを、「作用・反作用」と言います。良い方向へ働いた（調和した）ときのことを、「幸運を呼び込んだ」と言うのです。

悟りと調和——善悪を超えた世界は誰にでも作れる

私たちは、日常生活や経済活動、ビジネス活動、製造活動など、働く仕事をするという中で、毎日、「心《しん》、口《くう》、為《い》」の波動、エネルギーを放射しています。つまり、作用しています。すると必ず、反作用があるのです。帰って来るのです。善い波動か、悪い波動かも分からずに、やっていることも多いと思います。

善と悪とは、調和の波動か、不調和の波動かと言った方が、分かりやすいと思います。

自分で悪いと思ってやっている場合と、悪いと気付かずにやっているときの反作用は、どうなるのでしょうか？

例えば、池に石を投げている時に、「波紋が中心より広がっていく」ことを知っている人が投げた場合と、「波紋が中心より広がっていく」ことを知らない人が投げた場合でも、同じ波紋が起きるのです。

悪いと知っての「心、口、為」も、悪いと知らずに起こす「心、口、為」も、同じ作用（波）が起きているのです。その作用（波）の反作用（波）も、3倍とか4倍となって戻って来るのです。

素直にシンプルに考えたら、誰でも今すぐ、良いこと（幸運）の方向への「かじ取り」は簡単に出来ると思いませんか。

星のバイオリズムで暮らしている私たち

地球には、地球のリズムがあります。地球のリズムは、太陽と月が一番大きく係わっていると思います。

月は、1日で地球を1周しています。地球は、365日かけて太陽を一周しています。太陽系は、2万6千年で銀河系の12星座を1周しています。これを、黄道帯《こうどうたい》といいます。

占星術とは……銀河系の中心、12星座から、銀河系にエネルギーを放射しています。もちろん、太陽系にも、地球にも届いています。星や星座、星座群（天の川）などの形体エネルギーも加わり、一瞬、一瞬、少しずつ変化して、地球に届いているのです。

人間は、お父さんとお母さんの性行為によって、精子（お父さんの遺伝子）、卵子（お母さんの遺伝子）で、陽と陰が結合して、父母半分ずつの遺伝子を持った肉体がつくられます。お母さんのお腹の中で、十月十日で成長します。

そして、産まれる少し前に、魂が入り込み、「赤ちゃん」として、この世に出て来ます。「赤ちゃん」とは、人間の7つのチャクラのうち、一番下の赤いチャクラの近くの性器から産まれるために、「赤ちゃん」と呼ばれています。お母さんのお腹の中では、常温原子転換を常時行って、食べたごはんや、野菜、お魚を、血や肉、リンパなどに変えて、肉体を維持、成長させているのです。

高い波動から、低い波動へ、下がるので、「産まれ落ちる」という言葉を使っています。

赤ちゃんの体は、外界の波動を一切受けたことのない、無垢《むく》の状態なために、一番初めの波動が記憶されるのです。7日間で、その人のバイオリズムの基礎となるのです。つまり、誕生日の、その日のリズムが元で、計算が始まるのです。

銀河系の中心から放射されたエネルギーは、途中の惑星（惑わすエネルギー）などの影響を受け、地球にたどり着きます。その惑星の位置やエネルギーを計算されて出来たのが、占星術の元になっているのだと思います。（インスピレーションを受けた智恵者が、計算したものだろうと思っています）

今は、惑星などの星の位置が、ずいぶんズレがあって、バイオリズムも当てにならないと思っています。

今から30年ほど前、某生命保険会社がお客様の誕生日を知り、その人のバイオリズムの予測データをつくり、お客様に、営業の保険加入の参考になればと、全面的に展開したことがありました。当時、私は社長として、物質文明の「ど真ん中」で、売り上げだ、利益だ、と社員の先頭に立ち、動き回っていました。

当然、私のところへも、私の誕生日を元にした、「バイオリズムの予測データ」が届きました。中身については、私はその頃、すごく良い運が続いているが、10年後くらいから、ドーンと落ち込んで、病気や災難の大きな可能性があるという予測表でした。

私は、その予測データの企画の中に、「おどしの心」が入っていると感じたので、何となく嫌いで、意地悪をしてしまいました。

某生命保険会社の営業の方に、「私の生年月日は、戸籍上は、今ここに書かれている、12月4日ですけど、本当に生まれたのは、11月24日だったのですよ。どっちが正しいバイオリズムになるのでしょうか?」

営業の方は、「早速、会社に戻って、調べてまいります」

数日後、新しいバイオリズム、つまり11月24日生まれのバイオリズム表が届きました。

「戸籍上より、実際に生まれた日が、正しいそうです」との返事でした。

私は、意地悪く、

「実際に生まれた日ではなく、本人がこの日だと強く思っている日の方が、一番らしいですよ」と。

その理由としては、肉体に記憶された日、これは現れた仮相世界の記憶の暦。この日だと意識しているのは、意識という想念、波動エネルギーの世界、意識の力のことなのです。

「日々是好日」という言葉がありますが、全て想念波動が現れてくるのです。毎日、毎日、「今日が最高の日だ」という想念をすると、毎日、最高の日が現れてくるのです。

このことが分かると、当たるか、はずれるか、どうか分からない占いのパワー（世界）は、全く力がなくなって行くと思います。

釈迦《しゃか》の教えを真剣に学んだ青年時代

「天は人の上に人を造らず。人の下に人を造らず」

「人間は生まれながらにして、自由で、平等である」

なぜ、幸せな人と、不幸な人がいるのだろう…？

なぜ、全ての人が、幸せになれないのだろう…？

釈迦の言葉に、

「極楽浄土は、今、即、あなたの心の中にある」

私は、この言葉の意味が知りたくて、仏教やお寺に近づいて行きました。

でも、色々のお寺や、多くの坊さんに会って聞いても、私は理解できませんでした。納得できなかったのです。

その後、知花敏彦先生に出会い、納得できたのでした。

釈迦は80歳で、肉体を離れたとされています。弟子たちに、「私がいると、あなたたちが甘えて真剣にならないため、そろそろ涅槃（ネハン）に入る」と、伝えました。

…肉体を置いて行きます。魂が肉体を離れると、肉体は呼吸しなくなり、酸素が入って行かなくなり、酸素欠乏で腐敗し、衛生上良くないので、荼毘（ダビ）、火で燃やすとよい。骨はカルシウムで出来ているため、高い温度でないと燃えないので、骨はガンジス河に捨てて下さい。永い間に溶けて、ミネラルになり、魚のエサになりますから。

私もインドには、数回、行きましたが、ガンジス河の堤防で、死んだ人を燃やしている光景は、いつでも見ることができました。最近は、河の畔に火葬場があります。

30年ほど前は、舟でガンジス河を遊覧すると、半分燃えた死体がプカプカ浮いていました。薪で燃やすと火力が弱いため、時間がかかり、面倒くさくなって、早めに切り上げて、河へ流してしまうことがよくありますと、ガイドさんの説明がありました。

2千5百年前、お釈迦さまの肉体を荼毘《だび》にふして、終わりかけたとき、小さな出来事があったようです。

それは、釈迦を仏のように崇拝していた村人の中で、あまりにも悲しくて、「お釈迦様の肉体の一部、骨（カルシウム）を、米一粒位を記念にいただけないでしょうか？」

茶毘している人は、「ああいいよ、どうせガンジス河に流してしまうのだから…」

その時、村人にあげた骨が米粒（舎利《しゃり》）位だったのです。お釈迦さま（仏）の骨、米粒で、「仏舎利」という名前になっているのです。その話を聞いて、インド各地から、世界中から、米粒位のお骨の希望があり、それを奉っている所が、日本にも多くあります。仏舎利塔信仰なのです。

事実かどうか分かりませんが、世界中の仏舎利塔のお骨を集めると、大きな象6頭分位の量になるという話を聞いたことがあります。

「千の風」になり、家で遊んでいた母の面影

今から10数年前、「千の風になって」という歌がヒットしました。

私のお墓の前で　泣かないでください

そこに私はいません　眠ってなんかいません

この歌がきっかけで、お墓の中に先祖が居るのだろうか？　お墓に「お経」をあげても、お骨（カルシウム）は「お経」の意味が分かるのだろうか？　その「お経」をあげているお坊さんは、その辺のところをどう思っているのだろうか？

私事ですが、母が他界したのが、24年前でした。死亡した2日目が「友引」だったため、友引とは、友達をあの世へ一緒に引っぱって行くという言い伝えから、友引の葬儀は行わないということなので、３日間自宅で一緒に過ごしました。

当時、私の会社が昇り龍のごとく、元気があったため、全国から多くの生花を頂き、その葬儀会場始まって以来というくらい、多くの生花が飾られました。

その葬儀の日、ある出来事がありました。

私の親しい友達と、親戚の人から、私が嬉しそうにニコニコしているものだから、「もっと、悲しそうな顔をしなさい」と、「集まった人から、変に思われる」と、注意があったのです。

その頃はまだ、知花先生に出会う前でしたので、魂と肉体の関係などは、全く知りませんでした。

でも、昨日までの3日間は、母の肉体は布団の中にあるのですが、ずっ～と、上の天井付近に、母が居るような感じがして、しかも母は、ニコニコしているのです。薄っすらとした影があって、喜んでいるような気配がするのです。

「そうか、魂は生きているのだ。そうなんだぁ～」

その後もしばらくは、母が家で遊んでいる感じがしました。

手塚治の漫画『ブッダ』で涙が止まらなかった

今から40年前、私が30歳の頃、手塚治の漫画『ブッダ』に出会いました。

私は、元々、勉強が嫌いでした。本当のことを言うと、「嫌い」になるまで行ってないので、初めから何も勉強しないのだから、理由は、「面倒くさい」からでした。

漢字がいっぱい並んでいる「お経」の本、こんなに多くの漢字を見ただけで、頭も、脳も、腹も一杯になりそうな、こんなものを読んで、意味を理解しようとする人の気持ちが全く分かりませんでした。それだけでもビックリなのに、読んで理解する人がいたことに、更にビックリです。

その点、漫画の『ブッダ』は素晴らしかった。

それは、絵が書いてあるのです。文字は日本語で、少しだけなのです。すっかりハマってしまいました。

何十回も、毎日、毎日、『ブッダ』を読んでいました。釈迦のだいたいの生き方や、教えが、何となく分かりました。本当は、「分かった」と言うよりは、「絵」と「言葉」を見て、自分でストーリーを作っているようにも感じました。そして、この漫画を読み続けていると、いつも同じ箇所、場面で、涙が出てくるのです。それは、釈迦が生老病死を乗り越えて（悟って）からのブッダの教えと、行動の中の一場面です。

自分をいじめた当時のある王子が病いにかかり、それを見舞いに行った時、ブッダは右手の人差し指を王子の眉間のところに、すっ～と、手を当てます。すると王子は、どんどん元気になるのです。

その一場面を見ると、いつも涙がポロポロと頬を伝わり落ちるのでした。

何十回見ても、その場面になると涙が流れ出ます。ある時は、ゆっくりと温かい涙が、またある時は、大粒の涙がポロポロ落ちるのです。それが心地よくてたまりませんでした。

今でも、あの涙は何だったのだろうと思っています。うれし涙であることは、間違いないのですが…。最近では、「ブッダが私の汚れた心を、洗ってくれたのかなぁ〜」なんて、調子のいいことを思ったりもしています。

多くを学ばせてくれた〈耳学問〉のすすめ

私のような「面倒がり屋」にとって、すごく良い勉強法があります。

それは、「耳学問」と言って、耳から入る学問、これは、私には最高の方法です。

私の偏見かも知れませんが、目から入った情報や知識と、耳から入った情報や知識が違うのです。目から入った知識に反応する想念が、何か、いつも、小さいと言うか、現実的過ぎて、あまり拡がりがないのです。

その点、耳から入った情報や知識に反応する想念は、デカイようで、でもまとまりのないような、心を弾ませるような、馬鹿みたいな方向へ広がることが出来るような気がします。

私が、耳学問が好きなのは、そんな理由からかも知れません。

竹林精舎《ちくりんしょうじゃ》や祇園精舎《ぎおんしょうじゃ》が開かれた頃、十大弟子たちが建物の中で、ブッダを囲んで輪になったり、前に並んだりして、毎日、真剣に説法を聞いていました。

その中で、目連《もくれん》だけが、毎日、ホウキを持って、庭をゆっくりした動作で掃除をしながら、建物の中から聞こえてくるブッダの説法を聞いていたという話があります。

その話を耳にしただけで、その空間のエネルギーを感じ、それに反応して、想念が広がって行くことを体験したことがあります。それは、何だか分からないのに、分かったような気がする、妙な感覚でした。

その目連が、一番先に悟ったという話もありますが、なんとなく納得できる気がします。目連は、みんなから「馬鹿だ、馬鹿だ」と言われても、庭掃除をしながら、建物から漏れてくるブッダの説法を聞きながら、大きな宇宙を毎日イメージしていたのかなぁ～と、思っています。

よし、俺も、風天も、家族からいつも言われている、「お父さん、何回言ったら分かるの～、馬鹿だね～」と、「まるで映画『男はつらいよ』の、フーテンの寅さんと同じだね～」と。

みんなも馬鹿になったら、「楽しいのになぁ～」

◆第3章◆

「神様って何だろう、本当にいるの?」

この世とあの世――神の世の違いとは・・・

「真理は一つ、宇宙は一つ、神は一つさま」という言葉があります。それは、真理の次元、宇宙の次元、神の次元と言っていいと思います。次元とは、バイブレーション、波動、意識、エネルギーのことです。

私たちの住んでいる地球は、三次元と言って、三つのバイブレーションで出来ています。

まず一つは、初めに真理ありき、初めに神ありき、初めに霊ありき。真理、神、霊も全く同じエネルギーで、初めから存在する、原因なき原因と言われる、宇宙エネルギーのことです。

宇宙エネルギーとは、日本語で言いますと、「無限大の力」のことです。

力のことを分かりやすく説明すると、力とは、能動原理と受動原理、つまり、男性原理と女性原理が一つになったことで、キリスト教では、父なる神と母なる神が一つになったキリストの神。日本では古事記に出てくる、いざなぎの神といざなみの神、男の神と女の神が一つになった神と言っています。

神は一魂、それが究極のエネルギー、力で、全ての全ての元の力だと言うことです。それが神の世です。真理の世界です。

その神が、原子や電子、中性子や陽子、陰子をつくり出し、分子をつくり、その分子の組み合わせで、全てのものを創り出しているのです。それが、物理の始まり、現象界です。

現象界には、「この世」と「あの世」があります。

この世とは、肉眼で見える姿、形の世界です。

あの世とは、私たちの魂が肉体から離れると、一般的に言われている、「命がなくなった」、「死んだ」と称していますが、魂が本当の自分なのです。その魂が、衣のようなものをまとい、休んで、遊んでいるところが、幽界という、薄っすらとした、半物質のような世界です。

私たちは、この世に現れ、この世とあの世を行ったり来たりしているのです。これを輪廻転生と言って、悟るまでは、成仏するまでは、何回でも繰り返すのです。

この日本には、輪廻転生を数多く経験し、いつ悟ってもおかしくないような人が、悟るために、日本人として生まれてきているのです。それは、白人を経験したり、黒人を経験したり、インディアン、中国人、朝鮮人など、何十万回も転生し、永い、永い、人生の旅（体験）を繰り返して、本人がその気になれば、いつでも悟れる、魂の熟した人が多いそうです。

日本人から多くの「悟り人」が誕生すると言われています。

釈迦が初期に教えた「あの世」とは幽界のこと

釈迦は、「なぜ人間は、生きる苦しみ、老いる苦しみ、病気の苦しみ、死の苦しみという『生老病死』の4つの苦しみがあるのだろう?」からスタートして、瞑想、内観して、菩提樹の木の下で、悟りに入ったと言われています。それは、「生老病死」とは、まぼろしであって、本当は、そんなものは存在しないのだと気づかれたということです。

悟ってから、弟子や多くの民衆に説法して、「人間は、初めから仏そのもの、神そのものだ」との教えに入りました。

神の世（真理）をいきなり説いても、誰も分からないだろうと、まず、あの世（幽界）のことを、7年間、この世とあの世のことを中心にお説きになりました。

それは今、この世で一部の人が、「神や宇宙」と勘違いしている、スピリチュアルの世界のエネルギーの話だと思います。

「そろそろ、良いだろう」と、釈迦は弟子たちに、「今まで教えたのは、本当の話ではありません（嘘も方便）」と、これから本当の話として、最後の1年間、真理をお説きになったのです。

今の日本で、仏教として伝わって、教えられているのは、前の7年間の、本当の話ではない、非真理の話が中心です。

あの世は、幽体波動から成り立ち、仮相の世界

あの世のエネルギーと質料は、私たちの肉眼では見えません。霊感の強い一部の人には、薄っすらと見えることがあるようです。でも、波動的に条件が揃うと、肉眼でも見えることがあります。

それは、水分の多い雨の日や、川のほとりや井戸端のようなところで、背景に黒っぽいものがあり、明るさの方向と見る位置や角度などの条件がそろった時に、湿気（水分）がスクリーンの働きをしてくれるので、薄っすらと見えるのです。

簡単に言うと、「お化け」のような、「幽霊」とも言われる存在です。

それは決して「恐い存在」ではないのです。ただのスクリーンに映った映像ですから、何の力もないのです。

「恐い、恐い」と思う想念が、「恐さ」をつくり出しているに過ぎないのです。

この世のエネルギーは宇宙エネルギーが変化したもの

この世のエネルギーも、あの世のエネルギーも、全ては宇宙エネルギーが変化したものです。例えば、分解エネルギーとか、結合エネルギーとか、熱エネルギーとか、電気エネルギーとか、磁気エネルギーとか、全てのエネルギーの元は、宇宙エネルギーです。

エネルギーと意識と波動とは、同じものです。宇宙エネルギーと、宇宙意識と、宇宙波動とは、全く同じものです。

完全調和、完全バランスの宇宙エネルギーは、意識でエネルギーの力を、働きに変えることができるのです。

神の意識や、銀河系の意識、太陽系の意識、地球の意識や自然界の意識、人類の集合意識などで、力を働きに変換して使っています。

前述の想念波動のところで、自分で想念して波動を放射した時に、その通りの結果が現れるのは、宇宙エネルギー（万能の力）を想念（意識）で、自分の思った通りに変換して、波動（エネルギー）にして使っていると言うことです。

無限に遍満するエネルギーを、どのようにして何に使うか、それを決めるのは、意識です。

意識が高ければ、高いエネルギーとして、意識が低ければ、低いエネルギーとしてしか使えないのです。その人の意識状態を見ると、エネルギーの質と高さ（波動数）が、誰でも分かるようになります。

◆

※さて、ここからは、錯覚が作り上げた「おもしろ話」。気楽な気持ちで読んで下さい…不要なところはゴミ箱に（そして忘れて下さい）。

神棚に神様はいなかった…

30年ほど前、覚者・知花敏彦先生に出会って間もない頃です。私と妻と父とで、知花先生の話を聞くために、よく山梨県の清里まで足を運びました。

いつも、神の話です。

「神は宇宙に一さまで、全ての全てが神です。神社や神棚には、神は居ません。でも、神棚をつくっている木材そのものも神ですよ」

おやじ（父）は、「そうか、神棚に神は居ないのか…」

数日後、私が帰宅したら、今まで奉ってあった神棚に、社と榊がないのです。おやじが言うには、「神棚に神は居ないのだから、外して処分した」とのことです。

そのあと、大騒動です。私の姉が来て、私に言うのです。

「どうしてそんな罰当たりなことをするの？」と、大怒りです。

「私は何もしていない。おやじがやったんだ〜」と言っても、

「おじいちゃんが、そんなことするはずがない！　ゼッタイにあんただ！」

と。

更に数日後、今度は兄が来て、それはもうカンカンです。言うには、「お

やじが神棚を壊さないでくれと、いくら止めても、私がダメと言って、壊した」ということになっているのです。数十年後の今でも、姉や兄は、私が神棚を壊したと思っているかも知れません。

これはもう、誰も悪くないです。錯覚と錯覚がつくりあげた、「おもしろ話」にしておきましょう。

私が住む横浜市役所は、ありがたい「千の風」

私の父は、「神棚に神はいない。お骨はカルシウムであって、とっておいても何の意味もない。もし寿命が来て、肉体を離れたら、骨は砕いて粉にして、畑などに撒いて、きれいな花を咲かせる肥料にしてほしい」と、日頃から言っていました。私も妻も、承知していました。

92歳で寿命がきて、肉体を離れました。「葬儀も不要」とのことで、身内だけでお別れをしました。

市役所から火葬許可証をもらい、横浜市のマンモス火葬場へ向かいました。火葬場は、流れ作業風に、次から次へと進行して行きます。火葬場の受付けには、1枚の用紙が用意されていました。

見ると、「ご遺体のお骨は、お持ち帰りになりますか。火葬場に置いて行かれますか」…持って帰ってもよし、置いて行ってもよしの選択ができるものでした。

私と妻が「置いて行く」に○印を付けたら、私の兄と姉が、

「ちょっと待って、ほんの少しでいいから、持って帰るのはダメですか？」

「はい、じゃあ、一部を持って帰るのですね」

私は、なぁ〜んだ、置いて帰っていいんだ、知らなかったぁ〜、後処理が

楽で良かった…と、秘かに安堵したものでした。

横浜市などの都会では、多くの人がアパート暮らしをしています。安い家賃の狭いアパートで、がまん生活をしている人が、何と多いことか。自分たちが生活するだけで、精一杯です。家に仏壇など無い人は、そのお骨をどこに置いていいのか分からない。みんな困ってしまいます。

お寺へ預けたら、預けただけでお金がかかってしまいます。生活がますます苦しくなります。

そんなことを察してか、市役所の方で気を利かせて、お骨はみんなまとめて砕いて、肥料に使っているのです。花も喜んで、きれいな花を咲かせると思います。

何てやさしい市役所なのだろう。市民サービスの奥が深い。私は市役所に、「ありがとう」と言いたい気持ちです。

「南無妙法蓮華経」は、すごい言葉の集合体

誰が考えた言葉か分かりませんが、たった7文字で、すごい内容が入っていると思います。

まず、「経」とは、地球の東経、西経に使われている「経度」のことなのかなぁ～。経度とは、北と南をつなぐ、たて線のことです。

「南」とは、北極、南極の極のことで、北はNでプラス、南はSでマイナス。

「南無」とは、そのマイナスが「無い」と言うことは、良いことしかないと言う意味かな。

「妙」とは、「女が少ない」と書きます。女が少ないということは、男が多

い。これを字にすると、「男多」…こんな字になります。男はエネルギーで、女は質料です。「男多」とは、エネルギーが多いこと。それを逆にして、「妙」にすると、もっとエネルギーが多いことを表現したのだと思います。

「法」とは、宇宙の法則です。北極と南極は、相対のことで、南が無いとは、北も無いという意味もあり、マイナスが無いということは、プラスも無いということで、善も悪もそんなものは存在しない完全調和の幸せがある。それは相対を断った、絶対ということになり、初めから存在する、宇宙の法則、宇宙エネルギーが分かれば、蓮の花が咲き誇るような、幸せになるということでしょう。

最初は純粋で素直、やがて神社の神を買収する

当時、新潟県に住んでいた私は、26歳で脱サラして、自分で会社を一人社長になりました。その頃、越後一之宮としての弥彦《やひこ》神社へ、毎月1回はお参りをして、「神頼み」に行ったものです。

ある時、予期せぬことの重なりで、多くの収入が入ったことがありました。私は、「もしかしたら、神様のご利益か」と思い、少し多めに包んで差し上げたことがありました。その時の、私の心の中には、純粋な感謝の気持ちで差し上げたのと、「こんなにも多いカネを包んで差し出したのだから、もっと、もっと、ご利益が期待できるかも」などと、変な「いやしい気持ち」もありました。

最初は、感謝の気持ちと素直な心で、「少しでも良くなったらいいなあ」から始まったのですが、長く続いているうちに、次第に素直さが消え去ってしまい、「こんなに、何十万も出したのだから、もっといいことが起こって当然だ…」と思うようになりました。

そして、20万～30万円のお金で、「神様を買収」している自分の姿に気がつきました。

世の中を見れば、神社やお寺へ行き、財布の小銭を投げ入れて、「いつもは、10円だけど、今日は、大奮発して、１００円も入れたのだから、いっぱい願い事するから、神様、どうか叶えて下さい」…これは買収の発想かも知れません。

私も含めて、人間って、いやらしい動物ですね。

聖書では人は生まれながらにして罪びとという

私が聖書を読み始めたのは、35歳の頃でした。

当時、私の会社の社員カメラマンが、クリスチャンでした。彼の通っている教会は、亀田教会と言って、「柿の種」の亀田製菓のあるところで、小さな教会でした。彼が仕事上で、大きな功績があった頃でした。

彼が私に「社長、お願いがあります。今度の○月○日に教会で伝道会というのがあります。一般の人に牧師の話を聞いてもらい、キリスト教に興味を持ってもらうためのイベントです。社員10人位誘って参加していただけませんか？」

「よし、わかった」

当時、ワンマン社長の私は、誰と、誰と、誰…頼むよと、私を含め、10人で参加しました。私はみんなに、「キリスト教から入信を勧められても、入る必要はないからね」と。

生まれて初めて、キリスト教の集まりに参加しました。30人近くが集まっていました。4人掛けの木製のベンチが左右にあり、真ん中に通路が設けてありました。私は、左の列の前から3番目の通路側に座りました。

讃美歌を何曲かみんなで歌って、なんとなく落ち着いて、牧師先生の説教が始まりました。新潟県内の大きな教会の先輩風の牧師先生が、メイン説教でした。

私は、目を閉じたり開けたりしながら、「神の話」を聞いていました。しばらくしたら、牧師先生から光が放射されて、私の方に来るのです。私は、みんなに気づかれない程度に、体を左右に動かしましたが、光は私の方向に向かって来るのです。

初めての教会で、初めての体験です。私は同行したみんなに、「教会なんかに入信するなよ」と。…その私が、次の日、その教会へ足を運んでいるのです。

理由は、その光の存在を知りたいのが目的でしたが、その後、2年間、聖書を真剣に勉強したのでした。

牧師さんから洗礼を勧められ、私も「その気」になっていたのですが、数人の役員の方が、私のことを思って、少しストップをかけてくれたのです。理由は、私があまりにも熱心に、夢中になっていたので、「熱しやすく、冷めやすい性格」と判断してくれたのでした。「いったん入信すると、辞める時に大変だから」と、本当にやさしい思いやりのある役員さんでした。

当時の私は、日曜日の礼拝と、木曜日の聖書研究会に参加していました。

日曜日は朝早く、長女と長男を連れて、掃除機を持って礼拝堂を掃除するのです。掃除も喜びの中で、することが出来ました。

「人間は、生まれながらにして十字架を背負っている」

これは、人間は生まれつき罪びとである。みんなの身代わりに、イエスが十字架にかけられ、そのお陰で、神に許され、こうして私たちは、生きていることができるのである。イエスさまに感謝しなさい。…私も真剣に、涙ぐみながら感謝したものです。

ところが2年後に、今度は座禅や仏教に関心を持ち始めて、教会の役員さんの予想通りに、辞めてしまいました。

イエスのことは、疑うことは一度もありませんでしたが、その後、知花先生に出会って、聖書の「解釈違い」だと分かりました。

「人間は、生まれながらにして十字架を背負っている」とは、生まれながらにして、神の力とその使い方を持っている――ということで、全く、アベコベの解釈でした。

それから、初めての教会で牧師の説教を聞いている時の、私に向かって来た「光」のことを知花先生に尋ねたところ、知花先生は、「それはですね、牧師の後ろに十字架があったでしょ。その十字架のクロスしているところから光が出ているのです。あなたはそれを見ることが出来たのでしょう」ということでした。

私が波動調整を始めたころの「おもしろ話」

誰もが大なり小なり、夢でもなく、錯覚でもない不思議な体験をお持ちだと思います。私、風天もどちらかと言えば、変な体験が多くあった方だと思っています。その中でも私の生き方を変えた、とても大きな体験の話です。

朝日と共に現れたプラチナ色のエネルギーマーク

今から30年前、私は朝日が好きで何年間も毎日見ていました。二階から朝日が見えるところに家を建て、朝日を見るのが楽しみでした。ところが、うちの隣りに大きな家ができてしまい、毎朝、太陽の見える位置まで移動して見るようになりました。雨や雪が降らなければ、ゴザと毛布を持って、ほとんど毎日、瞑想をするような格好で、朝日に遊んでもらっていました。

山沿いから朝日が顔を出す瞬間は毎日毎日興奮するような気分でした。それが一日のスタートでした。

今日は夏至の日だ、日の出の位置は、一番左側の山の一番高いところのはず…。ところが、それが十年間で大きく動き、随分離れた位置になりました。それは地軸が大きく傾いてしまった結果だということも、朝日の位置で見せてもらっていました。

25年ほど前、いつもとは何となく違って、どんよりと静かな朝でした。いつもは雲が自分のイメージ通りに動くのですが、その朝は違う動きをするのです。でも、いつものように輝く朝日に合掌して目をつぶりました。

しばらくして目を開けたら、朝日の横にプラチナ色に輝くマーク（後の風天マーク）が現れたのです。それが斜め右上にゆっくり昇っていくのです。ある程度、上に昇ると消えて、また、元の位置に現れ、ゆっくりと同じ動きを繰り返して見せてくれるのです。

私は呆然として見ていたようです。そして、目を閉じたら、そのマークだけが光り輝いて、上下の動きを繰り返しているのです。

しばらくして正気に戻り、何だかわからないけど、とにかくすごいものを見てしまったという思いでした。目を開けても閉じても見えるのは、心で観ているのだと思いました。

それから、そのマークが何なのか、なぜ見えたのかを追求するようになり、このことがきっかけで、その後の私の人生観は大きく変わってしまいました。

その朝日を見ている頃、もう一つ、妙なものを見ることが出来るようになりました。

ある朝、霧のような雨が、風に吹かれて少し斜めに降っていました。ところが、同じような霧状の雨が上から真っ直ぐ下に降っているのです。

「あれっ？　おかしいぞ。風に吹かれているのと、吹かれない霧雨。２つある！　そんな馬鹿な！」

よく見たら、斜めに降っているのは確かに霧雨ですが、真っ直ぐに落ちているのは、雨ではなくて、エネルギーと一緒に地上へ降りてくる質料（粒子）だと分かりました。今で言うと、ノーベル賞の小柴博士の言う「ニュートリノ」みたいな存在だと思っています。

それから、その粒子を見るのに夢中になりました。なぜなら、場所により、その粒子の大きさや降り方が、全部違うのです。

何年間もかかり、その降り方と粒子の関係を、自分で整理して、その土地、その建物、その家、その会社などのエネルギーの状態が、分かるようになりました。

「良いところ」は、上から精妙な粒子が、ゆっくりときれいに降っているのです。「良くないところ」は、大粒の、少しとがった線みたいなものが、荒々しく降って来るのです。そして、「最高に良いところ」は、下から上へ、精妙な粒子が上がっているのです。

ある会社の前に行くと、感じることがあります。その会社の社訓や、経営理念には、「世のため」とか、「多くの人の幸せのために」とありながら、長年の間に、社長の欲が大きくなっている会社は、大きな乱れた粒子が降っているのです。

その粒子の動きを、色々なところで、見ているうちに、「ものさし」が出来ました。その「ものさし」を、最初の頃、さまざまは場面で検証しましたので、しっかりとした「ものさし」が出来たと思っています。

波動調整で全国を飛び回っていた頃

高知県の友達から、「遊びに来い。波動調整の仕事で、10万円は用意できるから」と。

私は喜んで、高知の田舎へ行きました。その友達のKさんは、すごい親孝行者でした。外出するときは必ず、おやじ、おふくろに、「ちょっと出てくるからね」、帰ると必ず、「今、帰ったよ」と大きな声で伝えるのです。学校の先生をしながら農業をやっていました。

朝起きると、毎日、畑や田んぼに出かけ、田や畑に、稲や野菜に、「おはよう、おはよう、元気か？　良い野菜になれよ」と、声をかけながらあぜ道を回るのです。

実は、これはすごい波動調整なのです。波動は、調整されるとド～ンとエネルギーが上がります。更に、田や畑の四隅にベニア板のようなもので、アール状に曲げて配置してありました。これも、田や畑のエネルギーが回っていることを知っていたのでした。

隅にアールを付けると、エネルギーが動きやすくなります。動けばエネルギーが上がります。

さて、4件の家の波動調整です。3軒まではスムーズに終わり、家の人からは、「家がスッキリした」、「軽くなった」と。また、壁に飾ってあった掛け軸や絵画の色が、鮮やかになり、立体感が出てきたりしました。

これは、室内の空気の粒子が、超微細になると、絵から出ている赤い色や緑の色が、空気の中を通過しやすい（屈折しない）ために、ハッキリと見えるからです。

最後の4件目のお宅は、大きな家でした。住居と農作業場がつながった建物です。私はいつもの通りに、「太陽と月のカード」や、エネルギーシールを貼って行きました。

この位置には、このシール。この角には、先のとがった小さな鉛筆の形の木の棒。これで終わりだ。最後に、右手（陽）と左手（陰）で、パンパンと電気のスパークのように刺激すると、エネルギーが動き始めるのです。

ところが、このお家だけは、いくらパンパンとやっても動かないのです。

「シールの位置が違ったのかなぁ～」

「それとも、シールの貼り方が違ったのかなぁ～」

色々とチェックしましたが、変化しません。

そこで私は、思考を止め、息をゆっくり吐きながら、室内を歩きまわりました。すると、住居と作業場をつないでいる屋根裏に、何かを感じたのです。

私は、テッキリ、毒性の強い農薬か何かが、いっぱい収納してあるように思

いましたので、

「屋根裏に農薬なんかの毒物が置いてあるのですか？」と、その家のご主人にたずねました。

するとご主人は、「いや、毒物は置いていませんが」と。

それでも私は、「確かに何かあるようですが…」と念を押すと、その時ご主人は、「あっ！」と大きな声を上げ、何かを思い出したようでした。

「大変だぁ〜」とご主人は言いながら、慌ててハシゴをかけ、屋根裏に上がろうとしました。私も、後ろからついて上がりました。

あったのです！　それは、薄暗い中に、日本人形が2体、ガラスケースに納まってあったのです。

二人で階下へ降ろしました。それは丁度、近所の人たちも「波動調整」が見たいと集まってきたところで、ガラスケースの中から、2体の「人形さん」

を出しました。それは、本当に「寂しそうな顔」をしていました。

この人形を、ご主人が屋根裏に隠したのです。その訳を、みんなの前で話してくれました。

それは数年前、ご主人の娘さんが失恋して、毎日、毎日、この人形さんを相手にして、何かささやいたり、髪をなでたり、そんな事ばかりしていたので、「このままじゃ娘は、どうなるのだろう…」と心配して、人形さん2体を屋根裏に隠して、そのまま忘れてしまったのだそうです。

その時、娘さんはすごく落ち込みましたが、日が経つにつれて次第に元気を取り戻し、さらに良い男性と知り合えて明るくなり、今は幸せに暮らしているそうです。


さて、ここからが私の出番です。この2体の「悲しい、さみしそうな顔をしている人形さん」に、「明るい顔」になってもらいましょう。

「みなさん、いいですか。これから、この調和、バランスのパワーシールを人形さんの背中に貼りますね。よく見て下さい。…はい、貼りました」

すると、どうでしょう！　みんな、「ウォー！」と声が出るくらい変化するのです。

「では、もう1体」と、シールを貼りました。これも、みんな、「ウォー！」と驚きの声が上がりました。

そして、みんなニコニコ顔になって、「いや、驚きました。ありがとうございます。でも、どうしてこんなに変わるのですか？」と。私は、その説明をしながら、みんなで楽しく夕食をとりました。

どんなものも、全て生きているのです。

大きな会社から波動調整を依頼されて…

東京で、少し「おもしろい現象」の起きた波動調整のお話しです。

そこは、大きな会社です。名前を聞いたら、誰でも知っている会社です。

その会社の研修室というか、セミナー室というか、机も椅子も何もない、ただの空間、50坪位のワンフロアです。高めの天井で、そこには「宇宙の絵」がビッシリと描かれています。

私は、その会社の社長に、「この室内の波動を診てほしい」と頼まれました。

それは、「いい波動なのですが、何かひとつ物足りなさを感じます」と、私は率直に思ったことを伝えました。

社長は、「波動調整してもらってもいいですか？」と。

私は、「もちろんです。良くなりますよ」と。そして、「報酬は、結果を見てから判断して下さい。…建物はいじりませんから、いつでも、元に戻すことは可能です」と。

「では、○月○日何時からにしましょう」

約束の日、私は張り切って、その会社へ向かいました。社長と3人の男性が、私の到着を待っていました。社長が、3人の男性を紹介してくれました。ひとりが坊さんで、もうひとりは鐘をチ～ンと鳴らし、その響き具合で良し悪しを判断する霊能者、あとのひとりは、エネルギーを五感で感じ取る霊能者でした。

みんな私のやることを、じーっと見ています。私は時々、みんなの顔を見て、そして「ニコッ」して、コミニュケーションをとったりしました。

私には､プレッシャーなどありません。気楽です。なるようになるのです。

なぜかうまくいくのは、当たり前の気分でした。

私は、自分で開発した、「太陽と月の額（今の呼び名は、心太陽と大和月）」の一番大きなものを持って行って、一番初めに掛けてもOKな場所へ設置しました。実はこの「太陽と月」は、陽のマンダラと、陰のマンダラとして、額の中心部に水晶や図形やダイヤモンドを入れ込んだものなのです。部屋は広かったのですが、コーナーが少ないため、作業は簡単に終わりました。

「みなさん、中央に集まってください。最後のエネルギーを入れますから」

私はゆっくり息を吐きながら、思考を止めました。少し間をおいて、パンパンと手を打ちました。

その時、私もビックリしましたが、天上に描かれた「宇宙の絵」が、ドーンと音を立てて、一瞬にして動いたのです。みんな「ウァー！」と声をあげました。

何と、「宇宙の絵」は立体的になり、それは見事な絵になったのです。おそらくその絵は、画家が魂を入れ込む思いで、描いたものだと思います。しかし、この部屋との波動の調和がとれていなかったので、今まで表に現れて来なかったのだろうと思います。

それにしても、見事な「宇宙の絵」に変化しました。簡単にスンナリ出来たのですが、あとから桁違いの報酬をいただき、半年くらいは、その頃の私にとっては、少し余裕のある生活ができました。

◆

ここまでは、私の実体験の中から「おもしろ話」を拾い集めてみました。他愛のない昔話です。忘れてください。

◆第4章◆

「実は、この世は錯覚だらけだった」

この世の律法と宇宙の律法は、まったく違うもの

この世の仕事で一番大きなカルマをつくり出すのは、人を裁くことと、拘束することとです。来世、生まれてきた時に、そのカルマの刈り取りをしなければならないのは、もしかしたら、この世で大切な仕事をしている裁判官と医師と警察官かも知れません。

それは、人を裁く、人を拘束する、ドクターの地位と医学の知識の力で患者さんの自由意志を奪う。更に、襟を正して真剣に取り組んで、仕事をしなければならないからなおさらです。

この世の律法と宇宙の律法は、全く違います。この世の律法は、善悪の世界です。その善悪は、そのときの時代背景や、ところ変われば善悪もみんな

変わってしまいます。

ずる賢い人は、法律をつくる人と仲良くなり、自分たちのやりやすい都合のいい法律を、どんどん作ってもらっていることも事実です。表面上は、「自由平等、多数決」ですが、内面は、「不自由、不平等、不多数決」かも知れません。

宇宙の律法とは、調和、バランス、みんな一つというエネルギーの世界です。すべて、調和か不調和で、カルマになるか、徳積み（幸せ）になるかです。宇宙の律法は、「調和か不調和か」と、「作用、反作用」の法則なのです。

15年ほど前、自民党の元・副総裁、山梨県出身の代議士・金丸信先生が、収賄容疑で逮捕されました。

その頃、私は山梨県の清里に住んでおりました。もうずい分高齢だし、そう長く生きていけないだろうに、同じことをやっている人が大勢いるのに、運が悪かったねと思っていました。

ある時、知花先生が、そのことに触れたことがありました。

「金丸さんは、本当に運が良かった。この度の逮捕で、カルマが随分消えたのですよ。逮捕されずに生まれ変わったら、大きなカルマとして、刈り取りせねばならないのですよ。金丸さん、本当に良かったですね」

経済の中心的存在の自動車産業界では、燃費の偽造データや、リコールなどが多く出ています。

この世的に見ると、どちらも大きな社会問題になっています。偽造データは、「多くの人を騙そう」ということで、大きな責任が発生しています。

カルマ的に見ると、「発覚した」とは、隠してあるものが表面化しただけなのです。表面化しただけその分、カルマは小さくなっていると思います。

リコールに関しては、何のカルマも発生しません。むしろ、「良い車になる」分だけ、カルマと反対の方向かも知れません。

もうひとつの経済の中心的存在である、日本の医療産業界。

医療制度は、もし病気になった時に、安心して治療を受けられるようにと設けた社会保障制度です。

本来は、国民の健康を守り、元気で幸せで、長生きできることを目指すべきですが、どうもそうはなっていないのが現状のようです。国の予算の配分を見たら、わかります。・・・

医療の現場では、早期検診、早期発見、早期治療が、「大切だ」と、国を挙げて検診を勧めています。

その一方で、検査、検査で、その都度、放射線を当てられ、「それで病気になって行く」と、「検診は受けない方が健康に過ごせる」と思っている人たちも大勢います。

早期検診で健康になって行く人も大勢いると思いますし、検診は受けないで健康になっている人も大勢いると思います。この世的に見れば、「早期検診で健康に生きられる」と思う人は、検診を受けたらいいと思います。「検査を受けない方が健康に生きられる」と思う人は、受けない方が良いのです。

その理由は、人生のすべては、その人の想念波動、思った通りに結果が出てくるのです。どのような想念を出すかで、全てが決まるのです。

ところで、人間の体と生命は、誰がどのようにして造ったのでしょう。初めに神ありき、初めに霊ありきです。「初め」とは、時間的な初めではありません。肉体の塊まりをつくっている素材のことです。肉体は細胞の集まりです。細胞は、原子と電子で出来ている分子の集まりです。

原子と電子は、宇宙のエネルギーの働きです。原子は能動的なエネルギー、電子は原子に動かされる受動的な質料です。「一番初め」とは、宇宙に存在する、神と呼んでいる全知全能の能力のことです。その能力が遺伝子をつくり、遺伝子の情報に基づき色々な分子と細胞が造られ、肉体が出来ています。

その全細胞にエネルギーや情報を送り、生かし、動かしているのは、ハートセンター（心の臓）にある「原始細胞」です。原始細胞は、初めから神の記憶を持っています。そのことを、魂《たましい》とも呼んでいます。

肉体は多くの微生物の集まりで、その微生物が全ての働きをやっています。私たちが「ものを食べる」のは、微生物のエサのようなものです。微生物が体内で原子転換を行って、血や肉などをつくり出しているのです。

話は少し変わりますが、私は太陽が大好きです。毎日、私たちに光を放射してくれています。もしも、太陽が、「今日は、女房に怒られて気分が悪いから、仕事休む！」と言って、光の放射をしなかったら、瞬時に暗闇になってしまいます。

太陽が光り続けているということは、1秒も休まず、光を放射し続けているということです。だから、光輝いているのです。

もし、神が「今日は気分が悪い」と、原子と電子をつくって動かしていることを休んだら、私たちの肉体は一瞬にして、消えてしまうことでしょう。

肉体があり続けるということは、神そのものが今、休まずに働いているということです。それを「生命」と呼んでいるのです。

これからの医療は、この肉体と生命のことが分かれば、大きく変わってくると思います。肉体と生命のことが分からないままに行われてきた、さまざまな経済活動や医療活動は、宇宙の作用・反作用の法則と、調和か不調和かの世界から見たら、カルマと徳積みはどのように現れてくるのでしょう。

調和か不調和かの判断は、むずかしいように思うかも知れませんが、簡単に言うと、自分の真心に素直に行っていることが調和であり、真心からではない想念の行為は、不調和でカルマとしての刈り取りが必要になるのだと思います。

自然界の動物たちは、なぜ感覚が鋭いのか

山に住んでいる動物や小鳥たちは、火山の噴火や地震が来る前に、みんな逃げて居なくなっていると言われています。台風や嵐が来る時も同じように、逃げて居なくなってしまいます。火山噴火や地震では、わずかな微振動を感じ取ることが動物たちには、出来るかも知れませんし、台風などは気圧の変

化を感じて分かるのかも知れません。

では、山火事はどうなのでしょうか。山火事の起きる前には、動物たちはみんな逃げてしまうと言われています。それは何故なんでしょう。

私は新潟の田舎育ちです。子供の頃、魚釣りをしたりイナゴを捕まえて遊んでいました。

カエルや小魚を食べている、肉食のモズという鳥がいます。モズは秋深くなると、カエルや小魚を捕まえて、細い木の枝を折って、その先に串刺しにして、「干し魚」をつくって、冬の食料として蓄えておきます。それを、「モズの餌刺し」と言います。

低いところへ刺してある年は、積雪が少なく、高いところへ刺してある年は、大雪になるのです。子供の頃、毎年、それを見ているので、「今年は雪が少ないぞ」とか、「今年は大雪になるぞ」とかが分かってきます。それが、ほとんど確実に当たるのです。

「動物や小鳥やナマズなどの予知能力が、人間には無いのだろうか」と、真剣に考えたことがあります。

人間も心静かにする時を多くつくれば、分かるはずだと思っています。動物も、植物も、鉱物も、人間も、この空間にあるエネルギーも、全部一つのエネルギーと質料でつながっています。その質料とエネルギーの調和のことを、神と呼んでいるのです。

人間は、毎日、忙しい。ビジネスだ、金儲けだと、頭と心の休まる時がありません。人間は、「万物の霊長」です。霊長らしく、静かな、ゆったりとした時間を持つことが、正常で自然なのではないでしょうか。

今も地球に多くの応援団がやって来ている

世紀末、世紀末と言われ、「ノストラダムスの大予言」では、1999年の第7番目の月にグランドクロスが発生して、惑星が地球を中心に四方に並ぶ日が来る――と言って騒がれたことがありました。地球にエネルギーがなくなって結合力が弱くなっているため、四方から引っぱられ、バラバラになるという予言でした。

25年前、知花先生は、「その可能性はあるのです。ノストラダムスの予言は、地球人に対して本当の予言だったのです。予言とは、みんなの力でくつがえすことの出来ることとしか予言として出て来ない」のだそうです。

「くつがえすことの出来ないことは、予言として出しても何の意味も無いことだ」とも言っていました。

地球人だけでは、乗り越えられないかも知れないので、世紀末に合わせて、知花先生が地球に出てきたのだそうです。知花先生は、かつて人間を体験して、悟って、あの世ではなく、神の世に存在する覚者でした。全体（宇宙の魂）から、個の魂として、人間を体験して悟られた、個の魂から全体の魂として戻られた方でした。かつて「トート」という名の時もあり、そのときは釈迦やイエスを指導した存在だったそうです。

「地球が分解してなくなる予言をくつがえす方法」についてお話します。

宇宙は全て、陰と陽、質料とエネルギーのバランスで出来ている全知全能の力です。その力で、原子と電子をつくり、地球を創造しています。今度は、分子の集まりを結合させる力が陽で、結合する分子の集まりが陰なのです。健全な地球は、結合させる力（陽）と、結合する分子の集まり、つまり物質（陰）との調和がとれているときです。

人間の意識が、「ものだ、カネだ」と、物質だけに偏ってしまいました。人類の想念波動が、物質、質料（陰）と、エネルギー（陽）のバランスを崩してしまい、地球に力が無くなってきたのです。

それは丁度、無精卵と有精卵のちがいのようなものです。無精卵は、エネルギーがなく、温かいところに置くと、すぐに腐ってしまいます。その点、有精卵は、顕微鏡で見えるか見えないか位の精子が1個入るだけで、温めると腐るどころか、「ひよこ」が生まれてくるすごい生命力があります。

そこで、知花先生は、みんなに瞑想を勧めました。瞑想とは、見えない「空」、「神」を意識することです。瞑想すると、波動（エネルギー）が体から湧いて出てくるのです。そのエネルギーが地球に入って行きます。瞑想すると意識が上がり、高い波動（エネルギー）が放射されると、エネルギーは高い方から、低い方へと流れて、地球にエネルギーが入って、有精卵のような「強い地球」に変わって行ったのです。そのお陰で、ノストラダムスの地球が四方に分解されるという予言を、くつがえすことが出来たのでした。その頃の知花先生は、講話以外は、ほとんど瞑想して大きな光を放っていたと思っています。

当時、知花先生の学びをやっている仲間数人で、「もっと地球のこと、地球環境を良くしよう」と、「地球応援団」をつくったのでした。

「応援団だから団長が必要だ」という話が出ました。

「いや、地球を汚しているのは私たちだから、それなのに「応援団」とは、ちょっとおかしくないか」

…たしかに「おかしい」のです。

一部の人は知っていましたが、その頃、地球を一番大きく応援していたのが、白色同朋師団（ホワイトブラザーズ）です。かつて、人間を体験して、神の世界で働いている、モーゼ、釈迦、イエス、日蓮、親鸞、知花先生や他の人間体験者の覚者方が、地球にエネルギーを、思いを送っているのです。

本当は、そこが応援団長ですが、肉体を持っていないと地球上で表現できないため、私たちに「思い」を送っているのだと思っています。

そこで、「風天が言い出しっぺの一人だから、風天が正式な応援団長ではなく、〈とりあえず団長〉として行動しよう」と、言うことになりました。本当の団長は、白色同朋師団で、とりあえず風天が「地球の応援団の、とりあえず団長　重川風天」との名刺も作り、とりあえずリーダーとして、「団長にふさわしい人が現れたら、すぐに交代するのだ」ということにして、スタートしました。

東京の日比谷公会堂で、1千人以上集まって、知花先生や他の先生の話を聞くなど、大勢の応援団で行動しました。

組織のない組織で、きまりなど一切ない自由な組織です。団員資格は、地球のことを思って行動している人と、この先、地球のことを思う可能性がある人とか、全人類が参加資格のある集まりでした。

つくったのは、「鳥が地球を抱いているパワーシール」だけでしたが、多くの人から、「エネルギーの出るシールだ」と、大好評でした。

とてもユニークで、多くの仲間が一緒に動いてくれました。10年ほどで自然解消しましたが、とても楽しい会でした。

菩薩《ぼさつ》にあこがれ続けた日々

子供の頃から、神社やお寺が何となく気になる存在でした。でっかい仏像よりも、小さめの方が好きでした。

「観音像や菩薩像は、いったい誰が何のために作ったのだろう」

京都・太秦《うずまさ》の広隆寺《こうりゅうじ》、ここの弥勒菩薩《みろくぼさつ》像の写真は、何回観ても心が休まるのです。

菩薩と言う言葉に連想される想念は、一つは、この弥勒菩薩像の何とも言えない奥深い美しさです。

更に、こんな言葉が私の心の中に入っているからかも知れません。

それは、ある外国の哲学者の言葉だったと思いますが、京都の弥勒菩薩像を何十回も観つづけた後の言葉でした。

「この顔は、人間として、これ以上悪いことはないことを、やり続けた人が、初めてなれる顔だ…」と。


そうか、俺も悪いことといっぱいしたんだろうなぁ～。馬鹿だから…。俺もこんな味のある顔に、なれるのかなぁ～。馬鹿につける薬はないって、俺のことか…。

馬鹿さついでに、もう一話。

菩薩さまは、みんなに与えるだけで、一切見返りを求めないそうです。

「与えることが、喜びそのものである」

この言葉に、私は憧れてしまいました。

「よし、俺もいつかは、いや、そう遠くない時に、菩薩さまのような、与えることだけで一切見返りを求めない人間になりたい」と、ずっ〜と、思いながら、「菩薩行するのだ」と言い続けてきました、でも、出来たのは、せいぜい「マネ事」位のレベルでした。

その後、知花先生の学びに入り、宇宙の法則、宇宙の律法が理解できるようになりました。

イエスの言葉で、「人には一番大切なものを与えなさい。それは生命（いのち）です」と。生命を得ようとするものは、生命を失う。生命を放すものは、生命を得る。「与えよ、さらば与えられん」これは宇宙の法則です。法則とは、必ず、絶対例外がないことです。

私たちは毎日、想念しています。想念とは、「思う」ということです。想念すると、波動として放射されて行きます。

放射された想念は、必ず跳ね返って来るのです。しかも、３倍とか、４倍になって跳ね返って来ます。これを、「作用・反作用の法則」といいます。正しい「心《しん》、口《くう》、為《い》」を放射すれば、必ず3倍、4倍になって帰って来るのです。そのことを、「想念は実現の母」と言っているのです。

そして、こんなふうに考えたものでした。。

「なぁんだ〜、そうだったのか〜。菩薩さま、あんたはズルイよ。作用・反作用の法則を私たちに教えなかったじゃないか。人さまに正しい「心、口、為」を放射すれば、必ず、3倍、4倍になって帰って来る。それを菩薩さまは知っているから、初めから与えることしか考えない」

「この法則が分かったら、全人類みんなが、菩薩さまになれる。見返りを求めるような者は、いなくなる。なぁんだ〜、そうだったのか〜。菩薩とは、人間のことだったのか。

これが分かったら、お寺に居る菩薩は、動かないから、死んだふりをしている菩薩だ。人間は、生きた元気のよい菩薩さまだ。今日から、どんどん、菩薩行を行うぞ！　これが、一番幸せになる早道だ！　いや、これしかないのだ…」。

彼らの合言葉は「ありがとう」「ホ・オポノポノ」

全てが神、見えない空《くう》も、姿、形のある見える色《しき》も、全てが「神の存在」だと理解することができました。

全ては、創り主が神で、造られたものは、全て神の現れである。本当の自分（真我）とは、「我は、創り主の神、生命、無限の存在だ」と思っている意識のことです。

それに対して、現れた姿、形、肉体、人間が自分だと思っている時の意識のことを、自我（偽我）と呼んでいるのです。

「ありがとうございます」、「ホ、オポノポノ」、「感謝します」と、いくら真剣に言っても、私には理解できなかったのです。誰が、誰に対して、「ありがとうございます」、「感謝します」と言っているのだろうと、いつも、首をかしげるのでした。

言葉から捉えると、「ありがとうございます」、「感謝します」と言っている相手は、自分より目上の人か、もしくは、エネルギー的に見て、高い人に対して言っているのは、何となく分かります。

自我が、真我に対して言っているものなのかなぁ〜。

◆第5章◆

「カルマはなぜ生まれてくるのか？」

――まず人を許し、自分を許すことから始めよう――

まず初めに自分を「許す」ということ

10年ほど前、九州で、80人くらいの集まりがありました。風天も1時間、話す時間がもらえたので、楽しく話をしました。会が終わってから、私の話を聞いて関心を持ったグループが、私を囲んで、更に話を聞いてくれました。

その中に、私の気になる女性がいました。綺麗で品のある若奥さま風の方でした。この方は、人に話せない何かがあったようです。このグループは、「心の曇りを取るのだ」と、みんなで「ホ、オポノポノ」、「ありがとうございます」と、真剣に、「浄心」をやっているグループでした。

私は、「ホ、オポノポノ」をやっているグループと知っていましたが、そ

の女性を思いやって、声をかけました。（その女性のお名前は、たしか、「夏子」さんだと思います）

「夏子さん、元気がないけど、大丈夫ですよ。「ホ、オポノポノ」や「ありがとうございます」よりも、もっとすごい言葉があるのですよ。…私の言うとおりに声を出して下さい」

周囲は、「シ～ン」と静まり返って、私の話を聞いています。

「では、はじめます。…全てを許す。夏子を許す。全てを許す。夏子を許す」

すると、夏子さんが、小さな声で唱え始めました。

「今度は、少し実感を込めて、感情を込めて、ハッキリとした大きな声で唱えてみてください」

夏子さんは、真剣な顔つきになり、ゆっくりと—。

「全てを許す。夏子を許す」と言ったとたん、「ワァ～ッ」と声を上げて、泣き出したのでした。大粒の涙を流して、鼻水も流して。

私は、「それでいいですよ。それでいいですよ。泣くことは、決して恥ずかしいことではありません。どんどん泣きなさい」と。

やがて、彼女の顔から、笑顔が浮かんできました。その笑顔から、光が放射された感じです。

涙と、鼻水と、光のコラボでした。

「許す」とは、全ての始まりみたいな力があります。真我が、自我の夏子さんを許したのです。許された夏子さんは、一瞬にして、浄心したように思います。

さあ、みんな、許しましょう!

一番初めに許すのは、自我の自分です。

たとえば、こんなふうに…。

「全てを許す。風天を許す」

…ああ、気持ちいい！

では、調子に乗って、もう「一言葉」。

「ハイ」という素直な言葉

素直の、「素」という字は、主（神）と糸で、「直」という字は、直接、つながる、つまり、素直とは、「神と一体」という風に捉えていいと思います。

「ハイ」とは、「Ｙｅｓ（そうです）」、肯定するエネルギー力です。

何を肯定するのか、それは「神の世」、「全知全能の神の力」を肯定するのです。全ての全てを肯定する力です。

毎日の生活の中で、みなさん、どのくらいの回数、「言霊《ことだま》」を放射していますか？

話しかけられたらまず、「ハイ」と返事をしていますか。

例えば、悪ふざけで遊んでいる、あまり良くない高校生グループがあったとします。ボスが、弱々しい少年に、「おまえ、あのコンビニから缶コーヒー3本、万引きして来い！」

…断れば、ボスや仲間に殴られる。万引きすれば、犯罪になる。

「ハ、ハァ、ハァ〜、ィ……」、どうしていいのか、自分でも分からない精神状態になると思います。

その時は、ハッキリした大きな声で、「ハイッ」と返事をするのです。まず、ボスはじめ、みんながビックリします。次にどのような言葉が出てくるのかと、真剣な眼差しで待っています。

少年は、「ハイッ」と返事をしたことにより、神を、宇宙を、肯定したのです。どんなものも、認めれば現れるのです。神の力、勇気と、度胸と、智恵が出て来ます。

堂々とした態度で、どうするか真剣に考えます。その少年の体から、気のようなエネルギーも出ています。ボス的少年の方が、エネルギー的に劣ってしまうので、度肝を抜かれ、「もういい、もういい、悪かったなあ」という風に、変わって行くのです。

どんな時も、エネルギーの高い方が、力がつくのです。


嫁と姑の間でも、「ハイ」とハッキリした言葉を放射します。神を肯定するのです。神は愛ですから、嫁と姑が仲良く、家庭がうまくいくのは当たり前ということです。

これが、「ハイ」という素直な心、神を肯定した、神そのものの力が湧き出てくるのです。

本当の霊能者とは、何者のことなんだろう

霊能者という人は、いったいこの地球上に何人くらいいるのでしょう。

「ハ〜イ！　その数は、この世の全人類の人口の数と同じです！」

ピンポ〜ン！　正解です！

「霊」とは、見えない「能力」のことです。初めに神ありき、初めに霊ありきです。神と霊は全く同じ存在です。

知花先生の「右脳と左脳の働きについて」というタイトルの講話ＤＶＤに、こんな内容があります。

「みなさんは、脳みそがものを考えていると思っていますが、脳は考える

力はありません。考えているのは、あなたの心と、この空間みたいなものです。

思う、想念すると、心が想念波動をつくります。波は、空の中の質料を通して現れます。その波を左脳が吸引して、右脳を通して放出しています。脳を通過するときに、その波を脳が認識し波動変換して、神経や肉体に伝えているのです。そうして初めて自分は今、何を考えたのか、何を思ったのか、智恵が出てきたことも分かるのです」

そうか、頭で考えてなかったのか、知らなかった。人類は、長い間、錯覚していたようです。そうだ、逆に考えれば、心と空とで考えているのなら、こんな楽チンなことはない。それだったら、いくらでも良いこと、すごい知恵が出せるぞ！　よし、これなら、俺は、すぐにでも天才に簡単になれるぞ！

ワクワクしてきましたね。心は、みんなに――誰でも、誰にでもあるのですから…。

神意識・宇宙意識とは何か

宇宙には、「宇宙心」という一つの心があるだけです。その心が、一人一人に「分心」として、入り込んで働いているのです。

その心が働いた時のことを、意識と言っています。その意識を使って、宇宙を意識しているときのことを宇宙意識と言い、神のことを意識しているときは神意識、自分は無限のエネルギーの存在だと意識しているときは無限意識と言います。

意識は波動です。エネルギーそのものです。その意識が、自分なのです。自分が、「人間だ、肉体だ、個人だ」と思っていることを、人間意識、肉体意識、個人意識と言います。

今、私たちは肉眼で見えるものばかりを意識しています。ものを見ると、それに反応して、見える物質に意識が行くのです。朝起きてから夜寝るまで一日中、見えるものだけに反応して、個人意識で、つまり自我意識で生きています。それは、一番低いエネルギーで生きていることになるのです。

それは、損得で言えば「大損」です。エネルギー不足で病気になります。智恵というエネルギーが出て来ません。一番低いエネルギーの想念を放射しているために、その3倍返し、4倍返しで、苦しいことや困ったことが、次々に起こって来ます。

では、最も高い意識、つまり神意識（神の想念）や宇宙意識（無限の想念、無限の力）を放射すれば、それが3倍、4倍となって帰って来るのです。

神意識、宇宙意識、無限意識へのなり方については、後の章で紹介したいと思います。

幽界レベルのエネルギーを使うと…

この世の物質エネルギーではなく、神の世（神のエネルギー、宇宙エネルギー）でもない、あの世の、つまり半物質、半分だけの物質、薄っすらと見える衣をまとっているような、幽界レベルのエネルギーを使っている人が、一般的に言われている「霊能者」です。

神の世とは、「成仏」という言葉で表現されているように、仏に成る、神を実感する、悟り人、解脱、覚者という、神そのもの、宇宙そのものの振動数、波動エネルギーのことです。

あの世とは、肉体を離れても、それでも「自分は個人だ」と思っている魂が、一休みして遊んでいるような場で、その波動エネルギーを意識している人たちがいるところです。

あの世も神の世も、今、この世の私たちが肉体を持っている現象界と全く同じところに存在しています。ただ、波動、振動数が違うために、この世からは一切分かりません。

しかし、あの世からはこの世は見えるのです。そして、神の世からは、あの世も、この世も、丸見えです。

エネルギーは、バイブレーションの違いで、この世と、あの世と、そして一番初めから存在する、無限に存在する、無限のバイブレーションの神の世とで、３つの次元があるのです。

この世とは、重い肉体を持って不自由な状態で、生老病死や喜怒哀楽、喜んだり、怒ったり、寂しがったり、楽しかったり、などを経験、体験を重ねて、そのたびに少しずつ魂の成長があるのです。

例えて言うと、この世は幼稚園レベル、あの世は中学生レベル、神の世は成人（聖神）レベルでしょう。

あの世とこの世には、ルールみたいなものがあって、幼稚園のみんなが一生懸命に考えて、良い方法を見つけようとしているところへ、中学生が「こうすれば良いよ」と教えてしまったら、学びにならないので、あの世から見えても、手を出さない、力を貸さないのがルールみたいなもので、その方がこの世の人にとっては、ありがたいのです。

この世、あの世の目的が分かると、暗黙のうちにルールが出来てしまうのは、当たり前のことだと思います。

この世のルールを乱す低いレベルのエネルギー

一般に言われている、「霊能者」、「チャネラー」、「超能力者」のほとんどは、あの世（青少年レベル）の人が関わっていると思います。

私、風天も、知花先生と知り合う前は、もっぱら、その幽界レベルの力を使っていました。

私は、「上から来る言葉や思い」が、神の言葉や神からのメッセージだと信じていたました。しかし、上から来るのは神からではなくて、幽界からだったのです。

神からの「天啓」は、自分の内から、心から、「声なき声」で感じるのです。

参考までに、私の「上からのメッセージ体験」をお話したいと思います。

私は26歳で、今で言う「脱サラ」をして、ひとり社長から始めて26年間、会社を経営しました。社員も200人近くになりました。社員からも、お客様からも、「カリスマ性がある」、「カリスマ社長」などと言う人が少なからず居りました。

大阪大学の研究者であった工学博士・政木和三《まさきかずみ》先生には、深いお付き合いをさせていただきました。先生のご自宅に、よくお伺いしたものです。奥様にも可愛がっていただき、3人でゴルフなども楽しんでいました。

政木先生が開発した「頭の良くなる器具」を、ある人が商品化するために動きだしました。政木先生に「これは本当に頭が良くなるので、いっぱい売れると思いますよ」と。

「重川さんがやる気になったら、その社長を紹介しますよ」

私は喜んで、「ぜひ頼みます」と、お願いしました。


その商品名は、「パワーメモリー」という発信機でした。

右と左からイヤホーンで耳に入れて音を聞くのです。右だけ聞くと「ブー」なのです。左だけ聞くと「ブー」なのです。両方同時に聞くと、「ウォーン、ウォーン」とうなり音が、頭の中心部で聞こえるのです。

ちょうど、お寺の大きな釣鐘をたたくと、「ゴーン、ウォーン、ウォーン」と余韻が聞こえるのと同じような、「f分の1ゆらぎ音」が右脳と左脳をつなぐような働きをしてくれるようなものでした。

その頃、私の会社は新潟市に本社があり、東京営業所を置いていたので、新潟と東京の「代理店」として、900万円出して、代理店としての権利を取りました。

朝、瞑想（今でいう迷走みたいなもの）をしていたら、上から言葉が来るのです。

「もっと大きくかかわれ」

その言葉を、神の言葉と勘違いしていた頃です。何が何でもと金を集め、全国総代理店という権利を取ったのでした。

毎朝の瞑想をしていたら、更に、

「定価を安定させよ。定価を安定させよ」と、また上から声が聞こえて来ました。毎日、毎日、「パワーメモリー」の販売を広げるためにはどうしたら良いかを、1日中、ず～っと考えていた頃でした。

商品単価が、2万～3万円でしたから、電化製品の販売店や、健康器具屋さんなどを考えていたのですが、「定価を安定」とは、定価販売している業界を見渡したら、デパートとか本屋さんを思いつきました。

早速、デパートの健康器具売り場へ行って健康器具の説明を聞いたり、質問をしていたら、近くにいた中年の貫禄のある紳士が私に、

「あなた新潟県人かね？」

「はいそうです」と私が答えたら、

「新潟弁丸出しで、すぐ分かったよ。私も新潟県人だよ」と、名刺を出してくれました。

なんと、このデパートの健康器具売り場の課長さんでした。

私は、事情を話しました。まずデパートに入れたかったのです。

そして次に、書籍取次店のトーハンや日販に話を持って行くのに、「○○デパートの健康器具売り場で販売しています」と言いたかったのです。

「よし、何とか無理してやるよ」と言われ、信じられないことが起きてしまったのです。

私は、神様のお陰だと、すぐに思いました。

その頃、私も出版社を経営していて、トーハンや日販へも取引があったため、まずトーハンに行きました。その窓口では、

「そんな器具を売るなんて、本屋さんでやったことないから、出来るわけがないでしょう」

「そこを何とか、とにかくパンフを置いて行きます」と。

その数日後、大手出版社の講談社のＯＢの人と会い、「智恵を貸してほしい」と相談したら、「よし、そのパワーメモリーの見本持って、一緒に出かけよう」と言われ、出かけることにしました。

行った先は、大手の本屋さんの役員室でした。パワーメモリーを見てもらい、実際に体験して頂きました。

「おもしろそうだから、販売してみるよ」と。

その本人自ら、トーハン、日販に直接電話してくれて、ワンカートンずつ注文を入れてくれたのです。

すぐに、両社から注文が入りました。動き出したら、もう止まらないほど売れました。

「私共も広告出します」と、全国紙に全5段のサイズで、何回も広告を出しました。

こんなにうまく売れるって、信じられない。「夢でも見ているのでは」と、思った時もあったほどです。数年にまたがりましたが、3億円位の利益になりました。「天からのメッセージは、すごいなあ～」と思いました。

ところがその時期の3年間の決算書を見ると、パワーメモリーでの増益分と同じ金額が印刷部の方で製造原価が上がったことで、消えてしまいました。

さらに、その4～5年間を通して見ると、大きな損失となっていました。

これが「幽界からのメッセージ」の結果でした。

その数年後、知花先生の話を聞いているうちに、だんだんと中味が見えて来ました。

上から来る（と錯覚している）ものは、神のメッセージや天啓などではありません。

天啓とは自分の内から、声なき声で出てくるものです。天啓には個人的な内容は一切出てきません。そして、天啓には善いとか悪いとかの内容も一切ありません。

天啓はすべて無限、制限のない１００％自由のエネルギーで、指示、命令的な内容はありません。

チャネラーのチャネリングは憑依《ひょうい》現象…

まず、チャネリングとは「チャンネル合わせ」と言うことです。ＮＨＫはＮＨＫのチャンネル（周波数）で、送信、受信を行っています。どんなに優れたアンテナでも、ＮＨＫの周波数に合わせなければ受信できないのです。

私たちの目は、光の周波数の受信機です。けれども、赤から紫までの可視光線と呼ばれる周波数の範囲内しか受信できません。

耳も鼻も舌も、受信機です。体や皮膚の細胞は、受信機であり送信機です。

私たちの周りにある気やエネルギーを送信したり受信したり、五感の世界で感じたり放射したりしているのです。これも全てチャンネルが合わないと受信できないのです。

チャネラーの方に聞いてみて下さい。

「どこの誰とチャンネルを合わせて情報を得ているのですか？」と。

もし相手が、どこの誰とも知らずに情報をもらっていたり、エネルギーをもらっていることは、とても危険だと思います。

たとえば肉眼で見える「この世」でも、姿、形を見せないで声だけ出して、「ああしなさい」、「こうしなさい」、「これが本当です」と言われても、信じる人はいますでしょうか？

お母さんが子供に、「知らないおじさんやおばさんの言うこと聞いてはだめですよ。信じちゃだめですよ。ついて行ってはだめですよ。こわい目に会うからね」と言っていませんか？

「私はある星とチャネリングで交信しています」と言う人が結構います。どこの星ですか？　その星の誰ですか？　相手の目的は何ですか？　あなたはその相手を見たことがあるのですか？　知らない人と交信していると、お母さんに叱られますよ。ましてや見たこともない、姿、形のない存在の言うことを信じると、こわい目に遭いますよ。

その相手は、全てではないかも知れませんが、99％以上は、幽界、つまり不成仏が住んでいる「あの世」に存在する個人だと思います。

あの世からは、こっちは丸見えです。この世の個人で、超能力が欲しいとか、金持ちになりたいとか、病気を治す力が欲しいとか、こうなりたい、こんな力が欲しいと思う、つまり欲望を出している時に、「じゃあ、私が応援しましょう」と、「声」がその人に近づいてくるのです。そして、その人の中に入り込んでしまう、これが憑依《ひょうい》現象です。

これとは別に、あの世の個人の中で、この世の個人の魂の成長のために、生まれて間もなくついて、その人を良い方向に導くために働いているエネルギーを「守護霊」と呼んでいるのです。

守護霊と言われる存在以外の「あの世」のエネルギーが、この世の人を動かしたり、この世の人を通して動いていることがすごく多いと思っています。

肉体を離れて「あの世」へ行くと、五感の感覚と感情の世界は、ほとんど無くなっているようです。ただ人間としての「究極の欲望」である「支配欲」、つまり自分の思うままに動かす欲望、これがあるように思います。「この世」の人間の欲望通りに応援したので、見返りとして自由に動かそうというエネルギーのようです。「貸し借りの世界」のように思えます。

それは「作用・反作用」とは違いますが、一時的には欲望が叶いますが、あとが大変になっている人が本当に多いようです。

「結界を張る」――本当にやっても大丈夫？

この世の中で「結界を張る」と称して、特定の一部分の範囲内だけを良くするようなエネルギーがありますが、元々は、全てが宇宙エネルギーですから、「この部分だけ」と分けるのは、誰がどのようにして働いているのか、それはもしかしたら、見えない個人的な意識の存在が働いて「ひずみ」を造っているようなものかも知れません。

「ひずみ」をつくったら必ず別のところにも「ひずみ」が出来て、この部分では便利でうまくいっているが、別のところで不調和が発生していると思っています。

これは、「作用・反作用」みたいなことが、別の時間と空間で起きたことだと思います。

図形エネルギー、実は形にもパワーがある

初めから存在する宇宙の無限エネルギーが、色々な働きをしているのです。結合の力とか、分解の力、電気や磁気のエネルギー、原子や電子、中性子として、生命力として、智恵や愛の力として働いているのです。形体や、図形を通しても、力を働きに変えています。

銀河系12星座の「うお座」、「みずがめ座」も形体波動として働きます。

うお座は、魚が2匹、右向きと左向きに並んでいます。1匹は右方向に動こうとし、もう1匹は左方向に動こうとしています。これは、引っ張り合って「分解」させようとする働きとなり、「競争」、「戦い」、「対立」の働きや、結合している物質を分解してくれる、物体を空にしてくれる働きもしてくれます。

みずがめ座は、カメの中に水を入れたら、みんな一つの水になってくれます。「統合」や「調和」の方向へもって行く働きをしてくれるのです。今の時代、統合、調和のエネルギーがとっても大切な働きをしてくれるのです。後の章で、詳しく述べたいと思います。

陰と陽のエネルギーが作用する世界

エネルギーには、陰と陽、絶対というエネルギーがあります。

陽とは、外へどんどん広がる、放射するエネルギーです。たとえば「太陽」は、字のごとく光を放射するエネルギーで、陽のエネルギーで「男性原理」です。

陰とは、中心へ、中心へと、渦巻きのように吸引するエネルギーです。

月には引力があり、地球の海の水を引っぱっているので、引き潮と満ち潮ができます。月は、引（陰）で「女性原理」です。だから女性には、月の暦28日単位で「月のもの（生理）」があるのです。

卵子が精子を受精して子供ができますが、十月十日で産まれるのも全部、月との関係で、日にちや時間まで関係しています。これは、陰のエネルギー、女性原理で行われているからです。

形体波動や図形波動にも陰と陽があります。たとえば今、巷では図形を使った「波動グッズ」が数多く出回っています。陽の図形グッズは、内向きで少し元気のない人や疲れた人が使うと、陽のエネルギーが入り、陰と陽がバランス（調和）するので、元気が出て来ます。出回っている図形グッズは、このパターンが一番多いと思います。

逆に、元気がありすぎて落ち着きのない人や、のぼせたりしている人は、陰の図形グッズを使うと、陰の方向に働き、陰と陽のバランスがとれて体や心が楽になるのです。

あるのはただ一つの「絶対エネルギー」

陰と陽の相対エネルギーには、こんな言葉があります。

「陰、極まれば陽になる」

「陽、極まれば陰になる」

つまり、陰に片向き（偏り）が大きくなると、陰から陽へ反転してしまいます。陽に片向き（偏り）が大きくなると、陽から陰へ反転してしまうのです。

たとえば、元気のない人が「陽の図形グッズ」を持って、バランスして元気になったとします。ところが、その人が、さらにもうひとつの「陽の図形グッズ」を持つと、「陽、極まれば陰になる」で、陽と陽で、反転して陰のエネルギーとなってしまうのです。この場合、前よりも元気のない状態になってしまいます。

逆に、元気がありすぎて落ち着きのない人が、陽の図形グッズを2枚持てば、陰に反転し、バランス調和されて落ち着きも出てきて、本当の自分らしさや良さが出て来るようになります。

このことを知っているか知っていないかで、自分の人生が変わるくらい、とても大切なことです。

たいていは、「図形グッズ」を買う時に、身につけたり、体で感じたり、「オーリング」や屈伸運動とかして、自分に合ったものを買うのですが、体や気分は常に陰に片向いたり、陽に片向いたりして、常に変化していることを考えている人は少ないと思います。

買った時は良くても、時間が経つと体に合わなくなる可能性は大きいのです。これが、陰と陽の相対エネルギーの世界です。

そこで出てくるのが、「絶対エネルギー」です。絶対の「絶」とは、絶つという意味です。何を絶つのでしょう。

それは、「陰と陽の相対を絶つ」ことです。陰でもない、陽でもない、それは、「中庸、調和、バランス」のことで、絶対と言うのです。

絶対エネルギーとは、その中に陰と陽の両方が入りこんでいると言うことで、表面的には0（ゼロ）ですが、中に陰と陽がバランスして生きています。

たとえで言うと、小学校の運動会で「綱引き」が行われているとします。グランドには、綱引き用のロープがド〜ンと横たわっています。ロープの中央には、赤と白のヒモが一緒に巻いてあります。そこが中心点ということです。その中心点は、赤の陣地でもなければ、白の陣地でもない、ただの中心点、つまり0（ゼロ）地点です。

そこに赤白それぞれ100人ずつ出てきて、「よ〜い、ドーン」で、赤白に分かれて綱を引きます。赤組も白組も、全く同じ力100と100とすれば、ヒモは中心（0地点）から動きません。

綱引きが始まる前、つまりグランドに置いてある状態の中心点0は、何の力も働いていない、ただの0です。ところが、引き始めてからの中心点0は、赤組の力100と、白組の力100の、合わせて200の力が働いている、「生きている0」なのです。

絶対とは、この「生きている0（ゼロ）」と同じく、陰100％と陽100％の合計200％の力が働いている「生きている0（ゼロ）」のことです。

私、風天はこの「生きている0（ゼロ）」のことを、勝手に「0（ゼロ）活性エネルギー」と名付けています。絶対エネルギーとは0活性エネルギーで、陰と陽が完全バランス、完全調和しているエネルギーです。

その働きとしては、相手が陰の片向き（偏り）であれば、陽の働きをして調和のエネルギーをつくり出し、相手が陽の片向き（偏り）であれば、陰の働きをして調和のエネルギーをつくり出すのです。この調和のエネルギーが、愛とか中庸と言われる宇宙エネルギーと同じ働きのことです。

風大和研究所における商品、エネルギーは全てこの「０活性エネルギー」で、陰にも陽にも働く、調和のエネルギーです。

調和のエネルギーになると、超精妙な振動数になり、鉛をも通過します。逆に言えば、鉛も簡単に通過するからこそ、私たちの意識（心の働き）と反応する。チャンネル（振動数）が合うようになると、調和した、「０活性エネルギー」になって行きます。

その働きとしては、簡単に言うと、全ての毒性（毒とは偏った働きのことです）を無害化の方向へもって行きます。また、コーヒーやお酒の味を、濃くすることもマイルドにすることも可能になります。それは、宇宙エネルギーと同じ働きだと思います。

シンボルマークを「絶対エネルギー」にする方法

この世には、会社のマークやシンボルマークなど多くの図形がありますが、陰や陽に偏ったマークや、何のエネルギーもない、生きてない０（ゼロ）マークがほとんどです。

絶対エネルギーの出るマークにするのは、そんなにむずかしいことではありません。

図形には、陰と陽と絶対「０活性パワー」のあることを知って下さい。社章やシンボルマークが、絶対エネルギーかそうでないかによって、会社や組織のチームワークのような協調性の有無と、お客様と気が合うか合わないかなどに、大きく影響を与えるものだと思います。

うお座からアクエリアスの時代へ

この話は、私が得た知識と、知花先生の話を聞いて、私の心の中での想像力とで組み立てたものです。

地球が太陽系の12惑星を約2万6千年かけて1周します。太陽系の惑星は、地球を含めて13個あったのだそうです。2つの惑星が分解してなくなって、今は11個しかないが、エネルギー的には存在しているので、地球が12の惑星を周るという表現になっています。

また、太陽系が銀河系の12星座を周るのに、2万6千年かかる、そのスタートが同じ日になっている。それは1999年7月21日（16日説など諸説あり）、宇宙は相似形になっている理由かも知れません。

「周る」と言っても、物理的にまわるのではなく、エネルギー的に体験するようなものと思った方が分かりやすいと思います。

12星座のスタートが「みずがめ座」で、1999年から2350年間続くということです。

今から2万6千年前に起きた事実として、知花先生に聞いたことを私の心でまとめると、こんな話になります。

5万2千年前、みずがめ座からスタートして、2万5千999年前の地球の状態は、一昼夜にして、高い山と深い海が入れ替わってしまいました。その日は、大西洋にあったアトランティス大陸とアトランティス文明が崩壊した日です。

そのアトランティス文明は、今の地球の文明よりも高度な文明で、クリスタルを多く用いた高層ビルが建ち並ぶ、物質文明だったそうです。

その頃は、みずがめ座の前である、うお座（ふたご座）の波動を受け、競争と分裂の繰り返しの時代でした。戦争や競争に勝つために、さまざまな研究や開発が行われ、そのため科学が発達し、ミサイルやロケット、原子爆弾や水素爆弾が製造され、人類の心は荒廃し、ますます物質中心主義になって行きました。

それは、まるで今の地球と同じように、二酸化炭素や農薬、化学薬品、あるいは恨みや、ねたみ、ひがみ、嫉妬などの「邪気」に覆われていたと思います。

地球には、自然界の意識があり、「これじゃあ地球が持たない」と判断すると、天変地異を起こして、地球をつくり直そうとするエネルギーが働くのです。

海の底はミネラルの宝庫で、大量のミネラルが、エネルギーがいっぱいあるのです。その海と、酸化して枯れかかった陸地を、スポーンと入れ替えてしまったのでした。

天変地異を起こしたきっかけは、水素爆弾などの地下核実験で、地球の内部に衝撃を与え続けた結果だと言っていました。

太陽系惑星からＵＦＯの連合隊がやってきた？

地球以外の太陽系の惑星は、それぞれ地球よりもはるかに高度な物質文明や精神文明を体験していて、どの星もＵＦＯのような乗り物を持っているのだそうです。周波数が違うので、私たちの肉眼では、まず見えません。

大昔、その惑星連合が、大量の数のＵＦＯ連隊を地球に送って来て、天変地異の起こる直前、地球にある種のバイブレーションを放射して、みんなを宙に浮かせて救い上げ、ＵＦＯの中に引き上げたそうです。

しかし、あまりにも人類の意識が低かったので、ＵＦＯの中のバイブレーションと合わないため、ほとんどの人がＵＦＯの中で死んでしまったそうです。

余談になりますが、今から50年ほど前、ＵＦＯにさらわれたと云う体験者が多くいたようです。それは、各惑星から火星人や金星人、土星人などがＵＦＯでやって来て、人間をＵＦＯの中に連れ込んで、地球人のバイブレーションを調べるためだったのだそうです。

それは今から17年前の、ノストラダムスが予言した、１９９９年第7番目の月に天変地異が起こる可能性があったので、救い上げる準備のためだったそうです。火星人だけが、気が荒いために、人間のバイブレーションの調査をしているときに、死なせてしまうことがあったそうです。

知花先生は、他の星人はいいけど、火星人には気をつけなさいと、笑いながら言ったことがありました。

２万６千年前の話に戻しますが、ＵＦＯの中に引き上げられた、ほとんどの人が死んでしまいました。しかし、ごく一部の意識の高い人が生き残り、

ＵＦＯの母船に集められ、地球が落ち着いて人が住めるようになってから、地球に降ろしたのだそうです。

降ろされた場所は3か所で、自然を神として生きている個性の人は北海道へ、その人たちがアイヌ人としての人々です。

アイヌ人とは人と云う意味で、地球人のことのようです。母船の中で他の星の人たちがアイヌ（人間）と分けていたなごりかもしれませんね、又、霊能力にすぐれ、霊能力を神として生きる個性の人たちは、琉球へ。慈悲心、知恵を大切にする個性の人たちが今の北朝鮮の白頭山（ペクトサン）の頂上辺りに降ろされたようです。

その人たちから、今の文明が始まりました。その3つの個性が一つになり大和民族ができ、世界に広がって行ったようです。

このたびの世紀末は、ノストラダムスの予言通りにはならなかったのですが、天上界から知花先生らが地球の指導者として現れたこともあり、地球は分解せず、物質文明も崩壊せずにみずがめ座の時代に入ることが出来たのです。それは今の科学が、ある程度発達しつつ、統合、調和の時代に入ったことにより、多くの人々の意識が上がってきているのだと思います。

全人類が、すべてを科学的に捉えるようになることは、とても大きな意味があります。神は、宇宙は、父なる神（能動）と母なる神（受動）、つまり陽と陰の完全バランス、完全調和のことで、それがすべて法則通りに働きます。

それはすべて科学的であります。誰がいつやっても、同じ条件でやれば、１００％同じ結果が出る、正に科学そのものなのです。科学を理解する力が神そのものを理解する力ですから、これから多くの人が神を理解し、神の存在、神の正体が分かることでしょう。

これからの時代は、神さまと自分とは、実は同じ存在だと気づき、これに気づいた人から「悟り」へと進んで行きます。

◆第6章◆

「あなたもまわりも全部、神さま」

――意識が変われば、運命も自由自在になる――

アクエリアス「統合の力」が働き始めた

アクエリアスの統合、調和の力は、愛と憎しみ、平和と戦争など大きく二つにわかれていた力を統合することで、一つにしてパワーアップさせます。

イエスが生まれたときから、「西暦」が始まりました。西暦とは、西洋文明の暦です。西洋文明とは、物質文明のことです。

なぜ物質文明を西洋文明と言うかは、太陽が東から出て西へ沈むからです。つまり東が原因で、西が結果なのです。原因とは、見えない「空《くう》」で、西とは結果を意味し、見える「物質」のことです。

西暦、西洋文明（物質文明）が始まってから、戦争、闘い、殺し合いをして物質の奪い合いが激しくなりました。２千年間、戦いや競争を繰り返して、恨み、ねたみ、ひがみ、嫉妬などの憎しみや邪気をこの空間に溜めるだけ溜めて来ています。

その反面、イエスの教えをフランシスコ・ザビエルなどの伝道師や宣教師を各国に派遣して、神の存在、神の働きを世界中に伝えることを、同時期に行っていました。

善悪を超えた「神の世界」から覗いたら、神の計らいが見えてきました。それは、西暦２０００年から動き出した統合のエネルギーが、働くための肥やしのようなものをつくり出していたのです。

と言うのも、神の教え、愛（陽）と反対の憎しみの不調和のエネルギー（陰）を、どんどんつくり出す必要があったように思います。

私は、この世の悪や苦しみは、魂を成長させるための大事な肥やしであると思っています。

たとえば自然界では、高気圧（ハイ・バイブレーション）と低気圧（ロー・バイブレーション）の差が大きければ大きいほど大きな雷が発生して、強い大きな力を自然界、鉱物、植物、動物、人間に放射して、万物に力を与えてくれます。

アクエリアスの「統合のエネルギー」は、雷さまと同じように、その差が大きければ大きいほど、大きな力となるのです。そのために、あえて神の愛とは正反対の戦争、闘い、競争から生まれる憎しみの力をつくり出していたのでしょう。おそらく意図的ではなかったとは思いますが、結果的にそうなったと思います。

一人ひとりの心の中にも「愛と憎しみ」をつくり出し、いっぱい溜めてあります。それがこれから、「希望の光」のような刺激に触れると「雷の力」のように、大きな光（愛）に変わって行くのです。

この世に溜まっている憎しみのエネルギーも、アクエリアスの統合の力で、大きな光のエネルギーに変わって行くのです。その光が、万物に愛のエネルギーを放射させるのです。

もうすぐ、世の中が大きく変わると思っています。ちょうど「鬼子母神」のような話や、親鸞の「善人なおもて往生をとぐ。いはんや悪人をや」の言葉のように、善人が救われるのに、ましてやあなたのような悪人が救われないはずはないと言う働きかも知れません。

鬼子母神とは…ある村に、人間の親と子が楽しく生活していました。その村の近くに、みんなに嫌われている鬼の親子が住んでおりました。母親の鬼は、子供を育てるために、時々、人間の子供をさらっていました。

村人たちは困り果て、お釈迦さまに「鬼子母を懲らしめてほしい」とお願いしました。

お釈迦さまは、お寺の大きな釣鐘を地面に降ろして、その中に鬼子母の一番下の子供を隠してしまったのでした。

鬼子母は、一番可愛い末っ子が居なくなり、天にも登り、地にも潜り、その子を探したのでした。

その様子を見ていたお釈迦さまが鬼子母に、

「そんなに慌ててどうしたのか?」

鬼子母は、

「自分の子供がさらわれて大変なのです。大変なのです」と。

お釈迦さまが、

「そうか、それは大変。ところで、その子が居なくなった時、お前は何をしていたのだ?」

鬼子母は答えようとした瞬間、声が止まり、絶句しました。

なぜなら、鬼子母はその時、人間の子供をさらっていたからです。…自分が子供をさらう。鬼子母は自分の子供がさらわれる親の気持ちが分かり、お釈迦さまに泣いて助けを求めます。

お釈迦さまは鬼子母の心からの涙を見て、子供を釣鐘の中から出してあげたのでした。その時から鬼子母は一転し、人間の子供を育てる神として働き続けているのです。

それが今、各地にある鬼子母神を祀った寺院なのです。

物質文明が崩壊しないで、「みずがめ座（アクエリアス）」の統合、調和のエネルギーに入ったことは、必ず精神文明が現れるということです。

目に見える物質を中心とした物質文明と、見えないエネルギー、心を中心とした精神文明があるように思うかも知れませんが、本当の精神文明とは、物質と精神のバランスのとれた文明のことです。

つまり物質とは、結果で陰のことです。精神とは、原因、エネルギーで陽のことです。原因と結果、エネルギーと質料、父なる神と母なる神、いざなぎの神といざなみの神、陽と陰のバランスのとれた文明こそが、地上天国、極楽浄土、神代の時代が来ると言うことです。


この地上に、まちがいなく地上天国が来るのです。未だ、姿、形の人間だと思っていた意識から、自分は人間の形をした神だと気付いた「悟り人」が、現れ始めるのです。悟り人から放射されるオーラや光エネルギーが、全人類、地球、万物に入って行きます。

エネルギーは高い方から低い方へ流れるのは宇宙法則で、当たり前、必ず、と言うことです。そして、多くの「悟り人」が出て、人間の形をした神から放射された光が、エネルギー的に、水の惑星である今の地球に、光エネルギーが入り、かたち的には「水の星」ですが、エネルギー的には水蒸気から気体（光エネルギー）に変わって行くことを、「地球のアセンション」と言います。

聖書の中に書かれている、「全人類が一人残らず救われるまでは、私はこの地（地球）にとどまる」とイエスを通して語った「神の言葉」があります。救われるとは、「悟り人」になること、肉体が自分ではなくて、すべてのすべてをつくり出している生命（いのち）が本当の自分であると気づき、認めることを言うのです。

かつて人間を経験した、釈迦やイエス、日蓮、親鸞、サイババ先生や知花先生などの覚者方が天上界から今、「ここ」と言う同じ空間で生きていて、私たちを指導、応援してくれています。

簡単にいえば、人類が一人残らず、最高の幸せになると言うことです。

カルマの意味とその働き

カルマとは、サンスクリット語で「行為」または「行為の結果として蓄積される宿命」のようなものです。一般的には、過去（世）での行為は、良い行為にせよ、悪い行為にせよ、いずれ自分に返ってくる「因果応報の法則」ですが、悪いことが返ってくることをカルマと言っているようです。

では、カルマのことを理解していただくために、少し違う視点で見ていきましょう。

初めに力ありき、初めに神ありき、初めに霊ありきです。時間も空間も超越した「宇宙」、「空」は力の存在のことです。理屈っぽい人に言うなら、「空の要素」みたいなものと思ってください。

それでも頭がついていかないときは、空の要素でその先は、要素の要素である。それが永遠に続くようなものと思ってください。

力とは、能動原理と受動原理が一つになった、融合したときのことを言うのです。力も霊も神も同じ力の存在で、神とは、父なる神（能動）と母なる神（受動）が一つになったことを言います。

動かすエネルギーと動かされる質料（物質の素）が、完全に調和する（一つになる）ことを「愛」と呼んでいます。釈迦は、それを中庸（ちゅうよう）と言いました。

この神、愛、中庸が全知全能の力です。

イエスの説いた「父なる神」と「母なる神」の大調和（核融合）が「愛の法則」と言われる宇宙法則です。

もう一つ、釈迦が説いた「因果の法則」と言って、原因があって結果がある、原因と結果は同じエネルギーと質料で出来ているので、一つなのです。色心不二、見える結果も見えない原因も同じ存在だということです。

イエスの「愛の法則」も、釈迦の「因果の法則」も、どちらも同じ愛の法則で、宇宙で最高の「エネルギーの法則」です。

その存在としての全知全能の力、無限の能力、宇宙エネルギーは、「ただ存在する」だけで、「何の働きもしない」と言ってもいいし、「一度に、全てのすべての働きをしている」と言ってもいい存在です。

運動会の綱引きと同じ、赤１００人と白１００人で引っ張り合う力、合わせて２００の力が働いている、「生きている０」と同じエネルギーです。

結合と分解、温める力と冷やす力、右回りと左回りなど、全ての正反対の働きを同時に行っているために、何の変化もしないのです。波動的には、完全なる波動の打ち消しあいで、何の波も起きていない状態です。「天の父」と言われる「意志の存在」です。

宇宙エネルギーとは全知全能の力のこと

ここで言う「宇宙」とは、「銀河系」や「12星座」とか、「天の川」のようなとてつもない数の星があるとか、太陽系の惑星があるというような、現れた（見える）物質宇宙ではなくて、時間も空間もない「力の存在」のことを言います。

見えない空《くう》（原因）も、見える色《しき》（結果）も「意志」をもっています。その意志（力）を「思う」ということで、「意識する」ことで、働きに変えることができます。

その「意識する」ことを「想念」とも呼び、意識波動とか想念波動と言って、この空間に具体的な波を起こします。

この空間には、質料と呼ばれる「物質の素」、つまり「母なる神」が無限に存在し、意識が、想念が、その質料を通して波を起こし、その波が動くので「想念波動」と呼んでいるのです。

意識エネルギー（父なる神）と質料（母なる神）が合わさって、意識波動（働き）をつくることができました。

電波や音波、思いが届く、伝わるのはすべて、この母なる神（質料）があるから働くのです。

私たちのつくった想念は、波動として宇宙に放射されます。80億の人間が放射した想念は、3倍、4倍になって、必ず放射元の人のところに返ってきます。80億人いようが、100億人いようが、まちがいなくその人に返ってくるのは、まさに「神技（かみわざ）」でしょう。

しかしそれは「神技」ではなく、全体としての「神の働き」そのものです。

想念は私たちの心でつくり、空が相手となって波動をつくり出します。その波動を私たちは、大脳の左脳で吸引し、右脳から放射します。脳の中を通過するときに脳がそれを認識し、私たちの神経や細胞が分かるような波動に変換して伝達しているので、感じる、理解することが出来るのだと思います。そして言葉として行為として働くのです。

宇宙の律法に合わせて働く想念波動

この世には、この見える現象界には、人間の作った律法（法律など）があります。そのほとんどは、人が悪いことをしないためとか、経済や生活がスムーズに進行するためのルールみたいなものです。中には、一部の人だけが得をするような法律が、少なからず見受けられます。

いずれにしてもこの世の律法は、これをしたらダメとか、こうしなさいとかで、人を縛りつけるものばかりと言ってもいいと思います。それは全てを善と悪とに分けて考える発想です。

更に言うなら、自分にとって都合の良いことは「善」、都合の悪いことは「悪」

だと判断し、その善悪の線引きは、ところ変われば品変わるで、場所と時間が変われば線引きも動くのです。

それを律法し行使する側から見れば、「こんなすぐれた法律は、どこを探してもないだろう」などと喜んでいると思います。

宇宙とはエネルギーの世界です。想念波動もエネルギーの働きです。宇宙の律法の中に「作用・反作用の法則」があります。

今までに何回か述べていますが、放射された想念波動は、3倍、4倍となって、必ず放射元に跳ね返ってきます。

エネルギーの世界には善悪がないため、「調和か、不調和か」が基準みたいなものです。調和とは愛のことであり、不調和とは偏りのことです。

調和の想念波動が放射されると、世の中で苦しんでいる人も、苦しんでいない人も、みんな明るく元気になり仲良く生きる働きをし、3倍、4倍になって戻ってくるのが、「徳積み」というものです。

その反対の不調和な（偏った）想念を放射したときには、放射元の本人も含め、誰かを苦しませたり、暗くなったりさせて、3倍、4倍になって戻ってくるのがカルマです。

想念波動の「作用・反作用の法則」は、「カルマと徳積みの法則」と言っていいと思います。全ての想念波動は放射されると働いて、発信元、放射元へ戻って消えて行きます。戻ってくるまではこの空間で働いているわけですから、不調和の想念を放射したら、早く刈り取れば、それだけ小さくて済むということです。

今生、刈り取らないまま来世まで繰り越したら、その分だけ大きくなっていると思います。愛の、調和の想念波動を放射することは、「宇宙銀行」に幸せを預金しているようなもので、毎日が心身ともに幸せになって行くのです。

運命とは「作用・反作用の法則」のこと

「調和か不調和か」と、「作用・反作用」のエネルギーの働きが、全ての人の運命を決めています。過去世からのエネルギーの働きも大きく関係していると思います。

過去世からのカルマのエネルギーも、今生のカルマのエネルギーも、全て同じものと思ってください。

ちまたに、「運の良くなる本」とか「ツキが巡ってくる本」や、そのような話がいっぱいありますが、それは言霊《ことだま》（言葉のエネルギー）や、言っている人がこの世で大きな会社をやっている人とか、有名人だからとか、外国から来てヒゲを生やしているとか、綺麗な高価そうな布を肩からまとって天井を見上げていたとかで、発生させやすいプラシーボ効果が、発生させやすい時に出たのでしょう。

しかし、そのときのプラシーボ効果は、想念波動がすぐ戻って来て現れたものが多く、運命にはほとんど関係ないことで、むしろそのことが、宇宙の律法に合わせると、「偏り」というエネルギーをつくり出していると思います。

私たちは肉眼で見える世界、この世が本物だと、永い間、ず～っと勘違いをしてきたのです。実在のエネルギーの世界はこれから理解するようになると思います。

理解さえすれば、誰でもが健康で幸せ、「これ以上ない幸運」で生きることは簡単だということです。

理解するまでは、調和を「素直」、不調和を「素直でない」と捉えた方が分かりやすいでしょう。自分の真心（まごころ）に素直であるか、素直でないかは、自分が一番よく知っているからです。

カルマを解消させるために

簡単にいうと、「徳積み」とか「カルマ」とかは、作用・反作用の宇宙法則ですが、その法則の範囲内では「絶対」、「必ず」です。

しかし、私たちが悟った場合は、どんなカルマでも消えてなくなります。

その理由としては、「悟る」ということは、自分が愛そのもの、全知全能の神そのもの、宇宙そのものだと認めることであり、悟ったときは、自分が宇宙のいちばん最高の法則、つまり神の存在、愛の存在、エネルギーの存在そのものになり、愛の法則の中に入るからです。

「作用・反作用の法則」は、エネルギーの使い方の法則のため、悟れば全て解消できることになります。例えていうと、「作用・反作用の法則」が地方裁判所とすると、「愛の法則」は最高裁判所のようなものでしょう。

◆第7章◆

「誰にでも出来るカルマ解消法」

―地位も名誉もお金もいりません―

愛を放射することがカルマ解消の第一歩

ここからは、具体的にカルマの解消法について理解していきましょう。

初めに力ありき、力とは愛であり、慈悲であり、全知全能であり、エネルギーの働くシステムである。それは神の御意志であり、仏の御心であります。この世の私たちの毎日の生活は、全て神そのもので働いている結果です。砂山の砂一粒たりとも、神の御意志、神の創造の現れです。

簡単に言うと、毎日の生活は全て神の中での出来事であり、神の愛の現れであるということです。見えない空、見える色、全ての中に愛の力そのものが存在していています。

40年前、今は「看護師さん」ですが、当時は「看護婦さん」と呼んでいた頃です。その看護婦さんの研修会に講師として参加したことがあります。おもしろい会社のおもしろい社長ということが、講師としての資格だったようです。

50人の研修生でした。白衣を着たやさしい人たちだろうというイメージを抱いていたのですが、そんな予想とは少し違う雰囲気でした。初めにみんなを見渡して、何を話そうかと考えながらただニコニコしていました。

いつの間にか、私の「ニコニコ」を受けてみんなもニコニコしだしたのです。私はホッとして、まずスタートは100点の気分になりました。

私の講義も後半に入り、「みなさん、毎日仕事で疲れるでしょう」。すると前の席の人が、「毎日、毎日、本当にヘトヘトです。休みの日なんかは体を休めるために、一日中寝ています」と。

「ようし、今日は特別に、みなさんにいくら働いても疲れない方法をお話しましょう」

私たちの肉体と心はエネルギーで働いています。そのエネルギーは、高い方から低い方へ流れます。

たとえば、固体の土は山が少しずつ崩れ、平らになろうとしています。液体の水は上流から下流へ流れ、気体の空気は高気圧から低気圧へ流れて行きます。

エネルギーとは、「気」のことです。気の少ない人のことを、気の病い、病気、病人と呼んでいるのです。

病院や診療所は、気の欠乏した人たちの集合場所です。元気な看護婦さん、事務職員さん、お医者さんの体内のエネルギーを吸い取ってしまいます。エネルギーが勝手に低い方へ流れて行くのです。

病人は元気な見舞客が大好きです。それは、知らず知らずのうちに元気な人から自分にエネルギーが入り、自分が元気になって行くからです。本当のお見舞いとはお金や食べ物などではなくて、病んでいる人にエネルギーを与えることなのです。

高いところから低いところへ流れて出して行くエネルギーは、どんなことをしても止めることはできません。じゃあどうすればいいのか？　それは自分の体からエネルギーが流れ出る前に、自分から先にエネルギーを与えれば良いのです。「与える」というのは、「放射する」という意味です。つまり、自分から先に患者さんへエネルギーを放射するのです。

私たちの心は「エネルギーの増幅器」と言って、いくらでもエネルギーをつくり出すことが出来ます。意識と波動とエネルギーは同じものです。心と意識で、いくらでもエネルギーはつくり出せるのです。

与える、放射する思いは、能動原理です。空間には質料（受動原理）があるので能動原理と受動原理、つまり陽と陰でエネルギーが発生するのです。

具体的には、「やさしい言葉」と「やさしい声」で、「○○さん、おはようございます。今日もよろしくねぇ〜」と。

次に「やさしいほほえみ」です。目と口と心で、小さく小さくの動作で微笑みます。この「やさしいほほえみ」を受けたら、世の男性諸氏はコロッと参ってしまうでしょう。（笑）

そして「やさしいまなざし」です。口の中で軽くほほえむ思いで、何も考えずに相手の人をやさしく観るのです。

やさしさとは精妙さと云うことです。精妙（超微振動）なエネルギーが体内で発生するのです。

すると、自分自身の心と体が元気になります。「今日はいくら働いても疲れないゾ〜」と、帰宅するとき逆に元気になっています。「思い」と「言葉」

と「行為」ですが、すべて心からのやさしい「心・口・為」は、みんなを元気にする力があるのです。

後日、多くの研修生から「喜び」と「感謝」の手紙を頂きました。それを読んで私は、「みんな、実践してくれているんだなぁ～」と、涙の出る思いで「みなさんにありがとう」を放射しました。

やさしい言葉・やさしいほほえみ・やさしいまなざし

あるとき、この「やさしい」、「やさしさ」という言葉は、「希望の光」であり、イエスの説いた「愛」であり、釈迦の教える「慈悲」であることに気がつきました。

そうか「希望の光」だ。「希望の光」は愛だ、知恵だ、光だ。この世とあの世を超えた、輝く「神の世」の光だ。

希望とは、正に全知全能のエネルギーであり、仏智であり、叡智のことなんだぁ～。

やさしさ、希望の光を心の中心に置こう

私たちの運命は、何を想念するかで全て決まっています。幸せになるのも、不幸になるのも、すべては想念波動の「作用・反作用の法則」で、「徳積み」と「カルマ積み」に分かれてしまうからです。それは実にシンプルです。

しかし、そのシンプルを複雑にややこしくしてしまった人たちがいました。その人たちは誰かと言うと、釈迦やイエスの教えを十分理解していないのに、「理解した」と錯覚したり、誤解してきた牧師や坊さんたちの宗教家です。

神や御仏は、一人ひとりの心のうちに居るのです。やさしさは、希望の光は、神・御仏と同じ存在です。

意識は無限のエネルギーということ

無限とは「制限のない」ということで、100%自由だということです。自分で自分を制限することとは、それは「制限」ではなくて、自由の力を使って不自由にすることもできる「自由の行使」でしょう。

この制限のない自由意思を使って、自分を制限していることを「自縛」「自我意識」といいます。自我意識状態で想念しているために、不調和な、偏った想念波動の「心・口・為」でカルマを積み重ね、運を悪くしていた訳です。

カルマの「作用・反作用の法則」は、エネルギーの使い方の法則です。あなたの想念に基づいての「心・口・為」の波動が放射され、3倍、4倍になって戻って来ます。

自我意識での「心・口・為」は、あまり力がありません。我、神なりと云う真我意識のときの思いは、全て調和の想念ですから、力があり、大きな徳積みになるのです。

心の中に「愛」を入れよう！

「愛」という言葉はとても分かりにくいと思いますが、日本では愛はラブ（Love）と勘違いしている人が多いようです。

「やさしさ」と「希望の光」という言葉は、使い慣れたらとてもしっくりくる響きです。

「そうかぁ〜、やさしさと希望の光は愛のことなのか」

一日何回も「やさしさ」と「希望の光」という言葉を、繰り返し言ってみてください。すると1か月もしないうちに、それが「愛の響き」として、あなたは感じられるようになると思います。こんなシンプルな思いと言葉と行為だからこそ、愛を理解できるようになるのです。

知花敏彦先生は、「想念とは祈りである」と言っています。祈りと答えは一つである。祈ったことは必ず現れる。「その通りになる」ということです。

でも今までは、祈り方に問題があったのです。それは誰が誰に向かっての祈りかが、理解できていなかったからです。

祈りとは、人間の形をした神（または神の息子、個性）が、天の父の存在としての神に向かって希望することなのです。

「想念する」ことは、「思う」ことです。誰が思うのでしょう。思うという字の「田」は、生み出す畑という意味です。心で思って、田（場）という母なる神（質料）で想念波動をつくり出します。だから想念波動は確実に働きます。


カルマをつくったときの想念波動がこの空間の中に存在しているのですが、それが現れることが、消える働きになり、「カルマがなくなった」と言います。

カルマをつくり出したときよりも高いレベルの「調和の想念」を起こし続けることが「カルマの解消」になるのです。

こんな簡単なことで本当に幸せになれるの?

２０１６年４月の大阪風天教室で、人間関係で苦しんでいる人に、「やさしいことば、やさしいほほえみ、やさしいまなざしを実践してごらんなさい」と話したことがありました。

それをそばで聞いていたＡさんが、「よし、私も自分のカルマみたいなものを解消してみよう」と、実践され始めました。後で聞いた話ですが、実践し始めて１週間で変化が現れ出したそうです。

そのことを６月の大阪風天教室で、Ａさんは、ことの始まりから途中の変化、今は人生の中で一番幸せだとマイクを持って、みんなの前で楽しく話してくれたのです。

「ことの始まりは13年前でした。私たち夫婦は仲良く〈まあまあ幸せ〉な生活でした。あるとき〈長男の嫁さん〉の言動について主人が長男に注意したところ、長男と嫁さんが腹を立ててしまい、「こんな親とは縁を切る！親の葬式も一切出ない！」と、私たちと別れてしまいました。

あれから13年になりますが、毎日、一日たりとも長男夫婦のことを考えない日はありませんでした。「どんな生活をしているのだろう。どんな生き方をしているのだろう。苦労してないのだろうか」と、私たち夫婦も13年、歳を重ねてきました。

風天さんに言われたように、長男と嫁さんの二人の顔を思い浮かべながら「おはよう、元気ですか」と、毎日「やさしいことば」を送り（贈り）ました。次に「やさしいほほえみ」です。長男の顔を思い浮かべて、ニコッとほほ笑みをイメージするのですが、長男はすぐにニコッとほほ笑んでくれますが、嫁さんの顔が、なかなか微笑んでくれないのでした。

昔見た、嫁さんの笑顔を思い出してニコッとほほ笑みをつくるのですが、本当にむずかしいですね。でもなんとか微笑んでくれたので、うれしく思いました。

あとは2人のハートセンターの魂に、じーっと「やさしいまなざし」を送っていました。

すると、たった1週間で変化が現れたのでした。長男が次男を通して、「私と主人に会いたい」との連絡がありました。その後、順調に事が進み、今まで家族みんなで食事を何回かしています。

特に嬉しいことは、孫が12歳と11歳に成長していたことです。孫の誕生すら知らなかったのですから、一度に2人のこんな大きな孫に会わせてもらって、一緒に食事をしたり、お話したり、この上ない幸せな生活です。みなさん私の話を聞いていただき、ありがとうございました。」

福岡市にお住まいのＳＫさんからも、お手紙を頂いています。

「福岡の風天教室で教えていただいたカルマの解消法の、やさしい〈心・口・為〉をやってみました。

まず夫から…。我が家には、小さな子供がいます。夫は毎日帰りが遅く、休日も仕事や趣味などで一人で出かけるので、子供とすごす時間もなく、そんな夫に、私はどうしても良い顔ができないでいました。

自分の想念の中の夫を、じぃ〜っと見ながら、ほほ笑みかけると肉体の私もほほ笑んでいました。そして、「いつもありがとう」、「一緒に歩んで来てくれて本当に感謝します」と言っていたら、〈本当にそうだ、こんなありがたい存在はいない〉ということに今更ながら気付き、涙が止まりませんでした。

他の人にも意識を向けてやってみたら、どんどんその友達へのわだかまりが解けて行くのです。その友達との関係が本当に良くなってくるのです。夫も早く帰ってくるようになり、子供たちとすごす時間が増え、子供も私も大喜びです。

友人にこの話をしたら、早速、友人も大切な方に繰り返しやってみて、本当に相手の態度が変わってしまったそうです。そしてその状態が、ず～っと持続しているとのことでした。

何といってもこのカルマの解消法は、〈すぐ〉出来ます。すきま時間も、目をつぶって相手を思い出せば短い時間で出来ます。風天さんが言われるように、本当にすごいことは簡単なんだなと感じました。」

希望の光——ありがとうございました

この二人の方の体験は、本当に小さなほほ笑みから、小さな許しになりました。自分と相手を許したのです。小さなほほ笑みから、小さな許しの「心・口・為」は、正に希望の光です。

小さな、小さな希望の光は、神そのものの「心・口・為」です。だから力があるのです。神は無限の広がりです。小さなほほ笑み、小さな希望の光は、あなたのどんなカルマをも解消してくれる方法です。

エネルギーの世界は、大きい小さいではなく、精妙さ、深さが力なのです。

今こそ、本当の幸せを実感しよう！

幸せを実感する練習から入ってください。

まず自分の好きな「やさしいことば」を放射してみてください。

「○○さん、おはようございます。○○さんお久しぶりです。その後お元気ですか。今日も明るく生きたいですね」

「○○さん、お体の調子はいかがですか。無理はしないでくださいね。必ず良くなりますからね。大丈夫ですよ。心配しないでね」などと、相手の顔を思い浮かべながら、やや小さめのやさしい声で、同じ台詞を何回も送ってください。

次に「やさしいほほえみ」を送ります。

「○○さん、お元気ですか」と声をかけ、相手の顔を思い浮かべて、ニコッと微笑んだ顔をイメージします。相手がニコッとするまで、ゆっくりと静かにイメージして行きます。自分が一番嫌いな人を探し出し、その〈嫌な人〉の顔をニコッとやさしい顔にイメージするのです。

好きな人の顔ならすぐに出来ますが、自分が憎んでいる人、恨んでいる人、大嫌いな人の怖い顔を思い浮かべて、その人がニコッとした微笑みをイメージするのですから、そう簡単には出来ません。恨んでいる人、憎んでいる人は中々ニコッとはしてくれません。

練習です。まず、好きな人の微笑みをイメージして、次に、恨んでいる人の顔に変えて、やさしくニコッとイメージしてください。心静かに、何も考えずに、すると相手がニコッと微笑んでくれるのです。

「相手の微笑みをイメージする」ということは、自分自身が相手に「やさしくほほえんでいる」ということです。「嫌いな人にほほえみを送る」ということは、自分が相手の人を「赦《ゆる》している」ことになります。

聖書に、「神の前に出るには、まず隣人と和解せよ」とあります。神の前に出るには、「全てを赦しなさい」と言うことです。

「全てを赦す」とは、〈神意識〉のことを指すのです。嫌な人の微笑みをイメージできるのは、全てを赦した〈神意識〉になったときです。

これはあなたが神意識、愛意識になるための練習だったのですが、エネルギーの世界には練習も本番もありません。すべては一つ、全く同じことです。

練習というリラックスした環境の中で、本番の〈赦し〉を行なうのです。

全てを赦したあなたの心は、大きく成長するでしょう。

もう一つの「やさしいまなざし」とは、相手のハートセンターの魂の存在を、じーっと見つめることです。心静かに、その余韻を楽しむつもりで、自分の心が落ち着き、あなた自身がビックリするほど大きな力、愛を感じることができるでしょう。

瞑想する感じで、愛のエネルギー、神の力をイメージしながら、本当の自分（神）に、素直になる努力をすれば、半年くらいで「悟り」という言葉を身近に感じるようになると思います。

三つの「心・口・為」―やさしいまなざし、やさしいことば、やさしい微笑みを実践すれば、カルマの解消はもちろん、本当の幸せももちろん、「悟り」という言葉が「自分のためにある言葉だ」と思えるようになるでしょう。

◆第7章◆誰にでも出来るカルマ解消法

【あとがき】

私は知花敏彦先生に出会った20年前から、いつも多くの人の幸せだけを考えて、生きてきました。

そのわけのタネあかしをします。

それは、多くの人の幸せを思うことが自分の幸せになることを知ったからです。

私が一番、得をしているのです。

これは、宇宙のエネルギーの法則です。

今、意識も科学もどんどん進化してます。

【あとがき】

さくらの花の咲く春、ピカピカの一年生が入学します。
先生が「良い子のみなさん、さぁ、今日から勉強ですよ」と、テーブルの上にあるコップを持ち上げ、「みなさん、これは何ですか？」
「はぁ〜い、それはコップです〜」
先生「そうですね、良くできました、これはコップですね」
この先4〜5年後か、10年後か、さくらの花咲く春、ピカピカの一年生たちが、入学してきました。
先生が「良い子のみなさん、今日から仲良く勉強ですよ」―先生が、コップを持ち上げ、「みなさん、これは何ですか？」と質問したところ。
生徒「はぁ〜い、それはコップの形をした原子と電子です」「はぁ〜い、それはコップの形をしたエネルギーです」
先生「そうですね、これはコップの形をした宇宙エネルギーですね。みんな、よく勉強していますね」

先生「宇宙エネルギーが原子、電子をつくり、コップの形を造り出しているんですね～」

この頃には、この世の常識も大きく変わり、宇宙の法則、エネルギーの法則が理解できるようになると思います。

そうすれば、カルマを造るのは誰一人いなくなり、徳積みだけになり、本当の幸せと共に、悟りへと進んで行くのだと思います。

２０１７年の春分に合わせ、神の存在、神を実感する、自分が初めから神だったことを認めるための素直さづくりや瞑想、内観のやり方など《「悟り人」になるための処方箋―②》を出版したいと思っています。

最後に、みなさんが小さな声で風天に聞くのです。

【あとがき】

風天さんは、悟っているんですよね…。

それはですね、どう答えたら一番喜んでくれるのですか…。

それはですね、悟っているときもあれば、迷っているときもある、みなさんと一緒です。

読んで頂いて、ありがとうございました。

重川　風天

著者：　重川風天　（しげかわ　ふうてん）
風大和研究所顧問 昭和１９年生まれ。新潟出身。真冬の滝業や断食、インド
釈迦の聖地の巡礼、仏教、キリスト教、生長の家、神道等々を体験。
苦行や宗教はまったく不要と思っています。現在は宇宙エネルギーの使い方の研究に力を注ぎ、化学物質の毒性を消すことや特に無肥料、無農薬の農業の研究に力をいれています。知花敏彦師の伝える真理に近づくための努力中です。
著書
『誰でもが幸せになる　プラチナの風がふく』
『雑念の湧かない　あいの瞑想法』『知花先生に学ぶ　風天のおもしろ話』

この世の錯覚とカルマ解消法
平成２８年１０月１０日　第１刷発行
著　者　重川風天
発売者　斎藤信二
発売所　株式会社　高木書房
〒１１４-００１２
東京都北区田端新町１-２１-１-４０２
電　話　０３-５８５５-１２８０
ＦＡＸ　０３-５８５５-１２８１
メール　syoboutakagi@dolphin.ocn.ne.jp
発行者　重川圭一
発行所　風大和研究所　株式会社　〒144-0034 東京都大田区西糀谷 1-22-19-301
TEL 03-5735-3511　FAX 03-5735-3512　E-mail : kazeyamato@futen.info
※乱丁・落丁は、送料小社負担にてお取替えいたします。
※定価はカバーに表示してあります。

　ISBN978-4-88471-447-5　C0011　Printed in Japan